Elefanten Press

Übersetzung aus dem Amerikanischen: Erika Stöppler

 Die Sammlung erschien im amerikanischen Original unter dem Titel »Tatterhood«. Bei dem vorliegenden Band handelt es sich um eine Auswahl aus der amerikanischen Ausgabe, die mit freundlicher Genehmigung von Feminist Press zusammengestellt wurde.

Umschlag und Vignetten: Amelie Glienke
Satz: Limone, Berlin (West)
Druck: Oktoberdruck, Berlin (West)
EP 249
ISBN 3-88520-249-2

Printed in Berlin (West)
1. Auflage, Berlin 1987

ELEFANTEN PRESS VERLAG
Postfach 30 30 80, 1000 Berlin 30

ELEFANTEN PRESS GALERIE
Zossener Str. 32, 1000 Berlin 61

CIP-Kurztitelaufnahme der Deutschen Bibliothek
Kati Knack-die-Nuss und andere Geschichten von schlauen Mädchen
/ Ethel Johnston Phelps (Hg.). [Aus d. Engl. von Erika Stöppler]. -
Berlin : Elefanten Press, 1987.
(EP ; 249)
Einheitssacht.: Tatterhood and other tales h dt.H
ISBN 3-88520-249-2
NE: Phelps, Ethel Johnston [Hrsg.] ; EST; GT

Ethel Johnston Phelps (Hg.)

Kati Knack-die-Nuß

und andere Geschichten
von schlauen Mädchen

*Aus dem Amerikanischen übersetzt
von Erika Stöppler
Zeichnungen von Amelie Glienke*

EP 249
ELEFANTEN PRESS

Inhalt

Kati Knack-die-Nuß

Schottland

Es war einmal, im hohen Norden von Schottland, da lebten ein König und eine Königin. Der König hatte eine Tochter, und die hieß Anni. Die Edelfrau, mit der er vermählt war, hatte auch eine Tochter, und die wurde Kati genannt. Die beiden Mädchen hatten einander sehr gerne.
Aber nach einiger Zeit war die neue Königin auf Anni eifersüchtig geworden. Sie glaubte, Anni sei schöner als ihre eigene Tochter. Das war dumm, denn beide Mädchen waren gleich schön und gleich lebhaft. Die eine hatte dunkles Haar, die andere helles. Aber die Königin sagte sich: »Wenn ein Prinz vorbeigeritten kommt, dann wird er sich in Anni verlieben und sie heiraten, und der König wird das Reich dann dem Paar vermachen. Daran ist kein Zweifel.«

Immer tiefer fraßen sich diese Gedanken in ihr fest, und so ging sie schließlich zu einer Hühnerfrau, die für Wundertränke und Zaubersprüche bekannt war. Die Hühnerfrau nahm ein Goldstück von der Königin und sagte, sie wisse wohl einen Zauber für ihren Zweck. »Schicke das Mädchen am frühen Morgen zu mir«, sprach sie, »und achte darauf, daß sie nichts gegessen und nichts getrunken hat, wenn sie zu mir kommt.«

Am nächsten Morgen sagte die Königin zu Anni: »Mein Liebling, geh zu der Hühnerfrau in die Schlucht und hole uns frische Eier.« Anni machte sich auf den Weg. Als sie aber durch die Küche des Schlosses kam, sah sie eine Brotkruste liegen. Die nahm sie mit, weil sie schon recht hungrig war.

Bei der Hütte der Hühnerfrau angekommen, sagte Anni: »Die Königin hat mich nach frischen Eiern geschickt.«

»Komm herein, Kleines«, sagte die Hühnerfrau. »Heb doch einmal den Deckel von dem Topf und sieh, was du sehen sollst!«

Anni hob den Deckel hoch, aber es geschah nichts.

Ärgerlich sprach die Hühnerfrau: »Geh nach Hause zur Königin und sage ihr, sie soll die Speisekammertür besser verschließen!«

Anni nahm die Eier, ging nach Hause und tat, wie ihr geheißen war. Da wußte die Königin, daß Anni etwas gegessen hatte. Am nächsten Morgen achtete sie streng darauf, daß ihre Stieftochter nichts zu essen fand und schickte sie hungrig weg. Unterwegs aber traf die Prinzessin einige Bauern, die am Wegesrand Erbsen pflückten. Weil sie ein freundliches Mädchen war, blieb sie bei ihnen stehen und sprach mit ihnen. Da gaben sie ihr eine Handvoll frischer Erbsen mit. Diese aß sie auf ihrem Weg in die Schlucht.

Bei der Hühnerfrau angekommen, fragte sie nach den Eiern, und die Hühnerfrau sagte wieder: »Heb doch einmal den Deckel von dem Topf und sieh, was du sehen sollst!«

Anni hob den Deckel hoch, sah hinein, und es geschah wieder nichts. Da war die Hühnerfrau sehr ärgerlich und sprach: »Sag der Königin, daß der Topf nicht kochen wird, wenn das Feuer fehlt.« Anni ging nach Hause und sagte dies der Königin.

Am dritten Tag nun ging die Königin selbst mit Anni zu der Hühnerfrau, um sicher zu sein, daß Anni weder gegessen noch getrunken hätte. Als Anni diesmal den Deckel von dem Topf hob, um hineinzusehen, wurde ihr schöner Kopf in einen Schafskopf verwandelt. Die Königin war bestürzt, denn etwas so Schlimmes hatte sie Anni doch nicht gewünscht.

War das ein Kichern und Gaffen, als Anni zum Schloß zurückkehrte! Kati konnte es zu Hause nicht länger aushalten. Sie wollte in die Welt hinaus gehen und ihr Glück versuchen, und ihre Schweste wollte sie mitnehmen. Sie legte Anni ein feines Leinentuch um den Kopf, und so gingen sie davon. Als Wegzehr nahmen sie ein großes Brot.

Sie gingen und gingen, auf der einen Seite den Berg herauf und auf der anderen Seite wieder herunter. Schließlich kamen sie an ein Schloß. Kati klopfte an das Tor und bat für sich und ihre Schwester um eine Bleibe für die Nacht.

Sie bekamen ein Zimmer, und es wurde ihnen Essen gebracht. Aber sie waren noch nicht lange in dem Schloß, da merkte Kati, daß hier etwas nicht stimmte.

Unter den Bewohnern des Schlosses herrschte große Trauer: Kati erfuhr, daß den Prinzen eine seltsame Krankheit befallen hatte und daß niemand herausfinden konnte, was ihn quälte. Er lag nur im Bett, war blaß und schwach und schlief den ganzen Tag über so tief, daß ihn niemand wecken konnte. Der König selbst saß neben ihm und war vor Kummer ganz gram. Jedem hatte er einen Viertelscheffel Gold versprochen, der seinem Sohn die Gesundheit wiederbrächte. Seltsamerweise, so berichteten die Schloßbewohner, waren diejenigen, die eine Nacht bei dem Prinzen zugebracht hatten, nie mehr gesehen worden.

»Ein Viertelscheffel Gold ist eine gute Sache«, sagte Kati zu Anni. »Vielleicht hilft uns das, den Zauber zu brechen.« Kati ging zu dem König und sagte ihm, daß sie herausfinden wolle, was den Prinzen quäle.

Der König schüttelte zweifelnd den Kopf. »Das wird vergeblich sein. Alle Ärzte sind zu ihm gebracht worden, wir haben es mit guten Worten und allen Heilkräutern versucht, aber gegen diese Krankheit ist kein Kraut gewachsen.« Widerwillig nur gab er Anweisung, Kati in das Zimmer des Prinzen zu lassen.

Als Kati den blassen jungen Prinzen in schwerem Schlaf liegen sah, fühlte sie großes Mitleid mit ihm. Sie war ein mutiges Mädchen und entschlossen, die Nacht über bei ihm zu wachen, um zu sehen, was sie sehen sollte.

Es wurde Abend, und immer noch schlief der Prinz. Kati saß auf einem Stuhl beim Feuer. Überall war es ruhig im Schloß, bis Mitternacht. Da erhob sich plötzlich der kranke Prinz von seinem Bett, zog sich an und ging die Treppe hinunter. Es war, als schliefe er offenen Auges. Kati folgte ihm leise.

Der Prinz ging zum Stall, wo er sein Pferd sattelte und aufsaß. Kati sprang leicht hinter ihm auf, und so ritten sie vom Schloßhof. Sie kamen durch einen Laubwald. Der Mond schien blaß durch die Bäume, und Kati sah, wie die Äste zu beiden Seiten schwer von Nüssen herabhingen. Sie pflückte die Nüsse im Vorbeireiten und füllte ihre Taschen damit.

Sie ritten weiter, bis sie an einen grünen Berg kamen. Bei der hohen, mit Gras bewachsenen Kuppe zog der Prinz die Zügel an und rief: »Öffne! Öffne dich, grüner Berg, und laß den jungen Prinzen hinein.«

»Und auch die Dame hinter ihm«, fügte Kati hinzu.

Der grüne Berg öffnete sich, und der Prinz stieg ab. Auch Kati glitt schnell vom Pferd und versteckte sich im Schatten des Eingangs. Der Prinz betrat eine wunderschöne große Halle, die von Tausenden Kerzen erleuchtet schien. Es waren aber keine Kerzen, sondern es war das Licht der feenhaften Gestalten, die hier auf den Prinzen warteten. Hell schimmernde Feen umgaben ihn und führten ihn zum Tanze. Der Prinz tanzte und tanzte zu der klingenden Musik, bis er nicht länger konnte und auf einer Bank niederfiel. Die Feen fächelten ihm für wenige Minuten Luft zu und holten ihn zurück zum Tanz.

Dann krähte der Hahn, und Kati schlich sich aus dem Berg. Auch der Prinz eilte sich, die Feenhalle zu verlassen. Der Berg schloß sich hinter ihnen, und müde stieg der Prinz auf sein Pferd. Kati saß unbemerkt hinter ihm auf, und sie ritten nach Haus.

Als am Morgen die Schloßdiener in das Zimmer des Prinzen kamen, fanden sie ihn in seinem Bett, tief schlafend, und Kati saß neben dem Feuer und knackte die Nüsse, die sie in der Nacht gesammelt hatte. Kati erzählte ihrer Schwester Anni von dem Hügel der Feen. Zwar wußte sie nun, warum der Prinz des Tages erschöpft sein mußte, aber sie wußte nicht, wie der Zauber der Feen zu brechen wäre.

Anni sorgte sich und bat Kati, dem Prinzen nicht mehr durch den grünen Wald zu folgen. »Wenn die Feen dich entdecken, werden sie dich sieben Jahre lang unter ihrem Hügel gefangen halten!« Aber Kati sagte, sie müsse gehen, wenn der Prinz diese Nacht wegreiten würde.

Der zweite Abend verging wie der erste. Wieder erhob sich der Prinz um Mitternacht und ritt zu dem Feenhügel, und Kati folgte ihm. Wieder pflückte sie Nüsse von den Bäumen und füllte ihre Taschen. Als der Prinz nun in die Halle eintrat, blieb Kati dichter hinter ihm, um besser zu hören und zu sehen. So konnte sie verstehen, was die Feen miteinander sprachen. Sie sah ein kleines Feenkind nahebei spielen. Der Prinz wirbelte und sprang und tanzte nach der wundersamen Musik.

»Der schöne Prinz wird nicht mehr lange draußen in der Welt bleiben«, sagte eine der Feen, als sie vorbeitanzte. »Dann wird er für immer bei uns sein!« Als Kati dies hörte, war sie den Tränen nahe. Sie wandte sich von den fröhlichen Tänzen ab und sah das kleine Feenkind, kaum älter als ein Baby, das mit einem kleinen, polierten Stöckchen in der Form eines Hirtenstabes spielte. Da sagte die eine Fee: »Das Kind sollte nicht mit dem Ebereschenzauberstab spielen.« Eine andere zuckte nur mit den Schultern und antwortete: »Das macht nichts. Es ist nur der Zauberstab gegen den Schafskopffluch.« Und die Feen tanzten weiter.

Kati mußte diesen Zauberstab haben. Sie rollte so lange einige ihrer Nüsse zu dem Baby hin, bis es den Stab fallen ließ und hinter den Nüssen herkroch. Kati holte den Stab schnell zu sich heran und steckte ihn in ihre Tasche.

Beim Hahnenschrei verließen der Prinz und Kati den Feenberg und ritten nach Hause wie die Nacht zuvor. Kati eilte zu ihrer Schwester, berührte mit dem Ebereschenstab dreimal Annis Kopf. Da verschwand der schreckliche Schafskopf, und Anni war wieder ganz sie selbst.

Der Prinz aber lag noch immer im Bett und schlief und war blasser und dünner als je zuvor. Kati sagte, daß sie noch eine letzte Nacht bei ihm wachen wolle.

Um Mitternacht stieg der Prinz wieder auf sein Pferd, und Kati folgte ihm. Sie ritten durch den grünen Wald, und noch einmal pflückte Kati Nüsse von den Zweigen und füllte ihre Taschen.

Noch einmal tanzte und drehte sich der Prinz im Feenberg, während Kati in ihrem Versteck saß, alles beobachtete und hörte, was gesprochen wurde. Diese Nacht spielte nahe bei ihr ein Feenkind mit einem kleinen Weidenkörbchen, und Kati hörte eine Fee sagen: »Es ist nicht klug, das Kind gerade jetzt damit spielen zu lassen, während der Prinz hier ist.« Aber die andere lachte nur und erwiderte: »Der Prinz weiß doch nicht, daß unser Zauber gebrochen sein wird, wenn er von dem Vogel ißt.«

Kati rollte ihre Nüsse aus, eine nach der anderen, so lange, bis das Kind das Körbchen fallengelassen hatte und den Nüssen nachlief. Kati streckte schnell die Hand nach dem Körbchen aus und verbarg es unter ihrem Mantel.

Beim Hahnenschrei kehrten sie zurück zum Schloß. Der Prinz zog sich aus und fiel ins Bett. Kati öffnete die Klappe des Körbchens. Sie nahm einen seltsamen Vogel heraus und rupfte ihn. Sie briet ihn über dem Feuer, und bald war das Zimmer von einem köstlichen Duft erfüllt.

Der Prinz erwachte und rief: »Oh! Wenn ich doch nur einen Bissen von diesem Vogel haben könnte!«

Da gab ihm Kati einen Bissen, und er richtete sich in seinem Bett auf seinen Ellenbogen auf. Kati gab ihm einen zweiten Bissen, und er setzte sich auf. »Ach, könnte ich doch noch einen dritten Bissen bekommen ...!« sagte er. Da gab ihm Kati auch den dritten Bissen, und er stand auf und war gesund und kräftig.

Als die Schloßdiener des Morgens die Tür öffneten, fanden sie Kati und den Prinzen, die zusammen Nüsse knackten und über dem Feuer rösteten.

Da war die Freude im Schloß groß. Es wurde ein riesiges Fest gefeiert. Und du kannst glauben, daß Kati und Anni sich als Ehrengäste an allen Spielen und Tänzen beteiligten. Das Volk auf den Orkney-Inseln erzählt noch heute von diesem Fest, denn das Essen und Trinken und Spaßmachen währte sieben Wochen lang. Und man erzählt sich, daß alle, die dabei waren, fortan »glücklich lebten und glücklich starben und mußten niemals darben«.

Die einzige Version dieses Märchens wurde im 19. Jahrhundert von einer alten Frau auf den Orkney-Inseln an der Nordküste Schottlands aufgeschrieben.

Drei starke Frauen

Japan

Lange, lange ist es her, da lebte in Japan ein berühmter Ringer. Eines Tages war er auf dem Weg in die Hauptstadt, um vor dem Kaiser zu ringen.

Er schritt die Straße herunter auf Beinen, dick wie Baumstämme. Sieben Stunden war er nun schon marschiert, und er hätte, ohne müde zu werden, auch noch weitere sieben Stunden marschieren können.

Es war Herbst, der Himmel war von einem wässrigen Blau, und die Luft war frostig. Unter der kleinen, hellen Sonne leuchteten die Bäume am Straßenrand in Rot und Orange.

»Sum-sum-sum«, summte der Ringer im Takt seiner weit ausschreitenden Beine. Der Wind blies durch seinen dünnen Mantel. Die eisige Luft an seinem Körper ließ ihn daran denken, wie wenige Schneider es gab, die es fertigbrachten, für einen so breiten und großen Mann, wie er es war, gute und warme Kleidung zu nähen. Er trug kein Schwert. Er war stolz darauf, daß er sogar an den dunkelsten und verlassensten Orten kein Schwert brauchte. Er fühlte sich, wie es sich für einen Ringer gehörte: stark, gesund und ziemlich erhaben. Das sanfte Rauschen schnell fließenden Wassers hinter den Bäumen sagte ihm, daß er oberhalb eines Flußufers entlangging. Er sum-summte lauter. Er liebte seine Stimme und wollte, daß sie auch über dem rauschenden Wasser deutlich zu hören war.

Er dachte: »Sie nennen mich Ewiger Berg, weil ich so ein guter, starker Ringer bin – und groß dazu. Ich bin ein tapferer Kerl und viel zu bescheiden ...«

Eben da sah er ein Mädchen, das vom Fluß gekommen sein mußte, denn es trug auf seinem Kopf einen Wassereimer.

Ihre Hände waren klein, und jeder Daumen trug über dem Gelenk ein Grübchen. Sie war ein rundes Mädchen mit roten Wangen und einer Nase, die einem freundlichen Knopf glich. Ihre Augen blitzten, als ob sie an zehntausend lustige Geschichten zugleich dächte. Sie kletterte die Böschung zur Straße hinauf und lief fröhlich vor dem Ringer her.

»Wenn ich das dralle Mädchen jetzt nicht kitzele, so werd' ich es mein Lebtag bereuen«, sagte der Ringer leise zu sich selbst.« Sie wird bestimmt quieken, und ich werde lachen. Und wenn sie sogar ihren Eimer fallen läßt, wird es noch lustiger – ihn aufnehmen und frisches Wasser holen kann ich dann immer noch, und ich könnte auch den Eimer für sie nach Hause tragen.«

Er schlich auf Zehenspitzen an das Mädchen heran und piekste sie mit seinem langen Finger leicht zwischen die Rippen.

»Killekillekillekille«, sagte er dazu, aber auf japanisch und in einem feinen, kitzeligen Laut. Etwa so: »Kochokochoko-chokocho!«

Das Mädchen gab ein Quieken von sich und kicherte. Es nahm die eine Hand vom Eimer und preßte die Hand des Ringers fest an den Körper.

»Ho-ho-ho!« lachte der Ringer, »du hast mich gefangen! Ich kann mich überhaupt nicht mehr bewegen!«

»Ich weiß«, sagte das lustige Mädchen.

Er merkte, daß sie gut gelaunt war und den Spaß gut aufgenommen hatte, und versuchte, seine Hand wieder frei zu bekommen.

Aber irgendwie ging das nicht.

Er versuchte es erneut und mit etwas mehr Kraft.

»Jetzt laß mich gehen«, sagte er. »Ich bin ein sehr starker Mann. Wenn ich fest ziehe, könnte ich dir weh tun.«

»Zieh«, sagte das Mädchen. »Ich bewundere starke Männer.«

Sprach's und setzte seinen Weg fort. Und obwohl der Ringer zerrte und zog, grub er doch nur mit seinen Füßen tiefe Furchen in den Boden. Er mußte dem Mädchen folgen.

Er zerrte und zog und zappelte hilflos hinter ihr her und war froh, daß die Straße einsam und niemand sonst zu sehen war.

»Bitte, laß mich gehen«, sagte er schließlich. »Ich bin der berühmte Ringer Ewiger Berg. Ich bin auf dem Wege zum Kaiser, um vor ihm meine Stärke zu zeigen, und du tust meiner Hand weh!« Aus Verwirrung und vor Scham brach er in Tränen aus.

Das Mädchen hielt mit seiner freien Hand den Eimer gerade auf dem Kopf und lächelte über die Schulter. »Du armer, süßer, kleiner Ewiger Berg«, sagte es. »Bist du müde? Soll ich dich tragen? Ich kann das Wasser hier stehen lassen und später holen.«

»Ich will nicht, daß du mich trägst. Ich will, daß du mich gehen läßt, und dann will ich vergessen, daß ich dich jemals gesehen habe«, stöhnte der Ringer.

»Ich will dir nur helfen«, sagte das Mädchen, als sie ihn unentwegt den steilen Gebirgspfad höher und höher zog. »Oh, ich bin sicher, daß du kein schlechterer Ringer bist als die anderen, die vor dem Kaiser auftreten. Du wirst gewinnen oder verlieren, und du wirst auch nicht allzu schlimm verletzt werden. Aber hast du nicht doch Angst, daß du eines Tages einem wirklich starken Mann begegnen könntest?«

Ewiger Berg wurde weiß. Er stolperte. Er stellte sich vor, wie man ihn in ganz Japan als den »Weniger Berg« auslachte.

Sie blickte zurück.

»Verstehst du? Bist du schon müde?« fragte sie. »Ich werde etwas langsamer gehen. Warum willst du nicht mit zum Haus meiner Mutter kommen, damit wir einen wirklich starken Mann aus dir machen? Die Ringkämpfe in der Hauptstadt beginnen erst in drei Monaten. Ich weiß das, weil meine Großmutter überlegt hat, ob sie nicht hingehen sollte. Wärst du schon morgen dort, würdest du deine Zeit nur in schlechter Gesellschaft verbringen und das bißchen Kraft, das du besitzt, unnütz verschwenden.«

»Schon gut. Was sind schon drei Monate ... Ich komme mit dir«, sagte der Ringer, denn er fürchtete, das Mädchen könnte böse werden, wenn er sich weigerte. Sie hätte ihn auf die Spitze eines Baumes setzen können, bis er seine Meinung geändert hätte.

»Schön«, sagte sie glücklich, »wir sind fast da.«

Sie ließ seine Hand los. Die war rot geworden und auch ein bißchen angeschwollen. »Wenn du dein Versprechen brichst und wegläufst, muß ich dir nachjagen und dich zurückholen.«

Bald erreichten sie ein kleines Tal. In seiner Mitte stand ein einfaches Bauernhaus mit einem Strohdach.

»Großmutter ist zu Hause, aber sie ist eine alte Dame und wird wohl schlafen.« Das Mädchen schützte seine Augen mit der Hand vor dem Sonnenlicht. »Aber Mutter müßte eigentlich die Kuh vom Feld zurückbringen – oh, da ist sie schon!«

Sie winkte. Die Frau, die um die Hausecke kam, setzte die Kuh, die sie trug, nieder und winkte zurück.

Sie lächelte und kam über das Gras zu ihnen herüber. Sie ging mit dem gleichen lebhaften Schwung wie ihre Tochter.

»Entschuldige mich«, sagte sie und wischte einige Kuhhaare von ihrem Kleid. Sie hatte auch dieselben Grübchen wie ihre Tochter. »Die Gebirgspfade sind voller Steine. Die verletzen die Füße der Kuh. Und wer ist der hübsche junge Mann, den du mitgebracht hast, Maru-me?« Das Mädchen erklärte.

». . .und wir haben nur drei Monate Zeit«, schloß sie seufzend.

»Ja, das ist nicht viel Zeit, um viel zu schaffen, aber es ist auch nicht so wenig, daß man nichts schaffen könnte«, sagte die Mutter nachdenklich. »Aber er sieht furchtbar schwach aus. Er wird eine Menge gutes Essen brauchen. Vielleicht kann er, wenn er etwas kräftiger geworden ist, Großmutter bei der leichten Arbeit um das Haus herum helfen.«

»Das wäre schön!« sagte das Mädchen und rief laut nach ihrer Großmutter, denn die alte Dame war schon ein bißchen taub.

»Ich komme«, erwiderte eine knarrende Stimme, und eine kleine alte Frau, auf einen Stock gestützt, trat aus dem Haus. Verschlafen wackelte sie auf Maru-me zu und stolperte über die Wurzel einer großen Eiche.

»He! Meine Augen sind nicht mehr das, was sie einmal waren. Das ist nun das vierte Mal in diesem Monat, daß ich über diesen Baum stolpere«, klagte sie. Dann umschlang sie mit ihren dünnen Armen den Stamm und zog ihn aus der Erde.

»Aber Großmutter! Das hättest du mich aber machen lassen dürfen«, sagte Maru-me.

»Hm. Ich hoffe, daß ich meinem armen, alten Rücken nicht weh getan habe«, murmelte die alte Frau. Sie rief laut: »Tochter! Wirf diesen Baum wie ein gutes Mädchen weg, damit niemand mehr darüber fällt. Paß aber auf, daß du niemanden verletzt.«

»Du kannst Mutter helfen«, sagte Maru-me zu Ewiger Berg. »Aber vielleicht ist es auch besser, du guckst nur zu.«

Ihre Mutter ging zu dem Baum, nahm ihn hoch und warf. Der Baum segelte durch die Luft und schien immer kleiner zu werden. Er landete mit einem leisen Aufprall weit entfernt auf der anderen Seite des Tales.

»Ach, wie ungeschickt«, sagte sie. »Ich wollte ihn doch über den Berg werfen. Jetzt blockiert er vermutlich den Weg, und ich muß morgen früh aufstehen und ihn entfernen.«

Der Ringer hörte nicht mehr zu. Er war ohnmächtig geworden.

»Oh!« sagte Maru-me, »wir müssen ihn ins Bett legen.«

»Armer, kleiner junger Mann«, sagte ihre Mutter.

»Ich hoffe, wir können etwas für ihn tun. Laß mich ihn tragen, er ist leicht«, sagte die Großmutter. Sie warf ihn über die Schulter, stützte sich auf ihren Stock und trug ihn in das Haus.

Am nächsten Morgen begannen sie mit der Arbeit, aus Ewiger Berg das zu machen, was sie für einen starken Mann hielten. Sie gaben ihm das einfachste, aber auch das kräftigste Essen. Tag um Tag bereiteten sie ihm den Reis mit weniger Wasser zu.

Jeden Tag hatte er die Arbeit von fünf Männern zu tun, und jeden Abend mußte er mit der Großmutter ringen. Maru-me und ihre Mutter waren sich darin einig, daß Großmutter ihn am wenigsten unabsichtlich verletzen könnte, weil sie alt und schwach war. Sie hofften auch, daß das Ringen mit Ewiger Berg gut gegen ihren Rheumatismus wäre.

Ewiger Berg wurde immer stärker, aber er selbst merkte das kaum. Die Großmutter konnte ihn immer noch leicht in die Luft werfen und wieder auffangen. Fast hatte er vergessen, daß er außerhalb dieses Tales einer der größten Ringer Japans war und Ewiger Berg genannt wurde. Seine Beine waren wie Baumstämme gewesen, aber jetzt waren sie zu Pfeilern geworden. Seine großen Hände waren so hart wie Steine. Und wenn er mit den Knöcheln knackte, so gab das einen Ton, wie wenn in einer kalten Winternacht ein Baum auseinanderbricht.

Manchmal machte er eine Übung, wie sie unter den Ringern in Japan üblich ist. Er hob seinen Fuß ganz hoch über den Fußboden und setzte ihn mit aller Kraft auf. Dann sahen in den nahegelegenen Dörfern die Leute zu dem winterlichen Himmel hoch und wunderten sich, wie spät in diesem Jahr der Donner kam.

Bald konnte Ewiger Berg so gut wie die Großmutter einen Baum aus der Erde ziehen. Er konnte ihn auch werfen, aber nur ein kleines Stück weit. Als der dritte Monat zu Ende ging, rang er eines Abends mit der Großmutter und hielt sie eine halbe Minute lang auf dem Boden.

»He-he!« lachte sie vergnügt und stand auf. Sie lächelte mit jeder Falte ihres Gesichtes. »Das hätte ich nie geglaubt!«

Maru-me quiekte vor Freude und warf ihre Arme um Ewiger Berg – sanft, denn sie wollte ihm ja nicht die Rippen brechen.

»Sehr gut, sehr gut! Was für ein starker Mann«, sagte ihre Mutter, die gerade von den Feldern zurückgekommen war und wie üblich die Kuh trug. Sie setzte die Kuh nieder und tätschelte den Rücken des Ringers.

Sie waren sich einig, daß er jetzt fähig sei, vor dem Kaiser etwas von wahrer Stärke zu zeigen.

»Nimm die Kuh mit, wenn du morgen gehst«, sagte die Mutter. »Verkaufe sie und kaufe dir einen Gürtel – einen seidenen Gürtel. Kaufe die dickste und schwerste Seide, die du findest. Trage ihn als ein Andenken an uns, wenn du vor dem Kaiser erscheinst.«

»Ich würde euch nie eure einzige Kuh nehmen. Ihr habt schon so viel für mich getan. Und ihr braucht sie zum Pflügen der Felder, nicht wahr?«

Da brachen sie in schallendes Gelächter aus. Maru-me quiekte, und ihre Mutter brüllte vor Lachen. Die Großmutter kicherte so lange, bis sie hustete und ihr der Rücken geklopft werden mußte.

»Oh, Ewiger Berg«, lachte die Mutter, »kannst du dir nichts anderes vorstellen, als daß wir die Kuh einzig und allein zur Arbeit brauchen? Du weißt doch, Großmutter ist stärker als fünf Kühe zusammen!«

»Die Kuh ist unser Schoßtier«, kicherte Maru-me, »sie hat so schöne braune Augen.«

»Aber es ist wirklich mühsam, sie jeden Tag hin- und herzutragen, damit sie auch genug Gras zu fressen bekommt«, sagte die Mutter.

»Wenn ich sie nehme, so müßt ihr euch das Geld geben lassen, das ich beim Ringen gewinne«, sagte Ewiger Berg.

»Oh, nein! Daran denken wir nicht!« sagte Maru-me. »Wir haben dich viel zu gern, als daß wir irgend etwas an dich verkaufen würden. Und es ist auch nicht richtig, von Fremden Geldgeschenke anzunehmen.«

»Richtig«, sagte Ewiger Berg. »Und ich will deine Mutter und deine Großmutter um Erlaubnis bitten, dich zu heiraten. Ich möchte zu eurer Familie gehören.«

»Oh! Ich werde ein Hochzeitskleid tragen!« rief Maru-me.

Mutter und Großmutter gaben vor, die Sache sehr ernsthaft überlegen zu müssen, stimmten aber schnell zu.

Am nächsten Morgen band Ewiger Berg sein Haar zu einem Knoten hoch, wie ihn die japanischen Ringer tragen, und machte sich reisefertig. Er dankte Maru-me und ihrer Mutter und machte vor der Großmutter eine sehr tiefe Verbeugung, da sie die älteste und auch ein guter Partner beim Ringen war. Dann nahm er die Kuh auf seine Arme und stieg den Berg hoch. Als er den Gipfel erreicht hatte, warf er die Kuh über die eine Schulter und winkte Maru-me zum Abschied zu.

In der ersten Stadt, in die er kam, verkaufte er die Kuh. Sie brachte einen guten Preis, denn sie war ungewöhnlich fett, weil sie noch nie in ihrem Leben gearbeitet hatte. Von diesem Geld kaufte er die schwerste Seide, die er finden konnte.

Als er nun beim Palast des Kaisers eintraf, waren bereits viele Ringer dort versammelt. Sie saßen herum, aßen riesige Schüsseln von Reis leer, verglichen ihr Gewicht und erzählten sich Geschichten. Ewiger Berg schenkten sie wenig Aufmerksamkeit, nur wunderten sie sich, daß er in diesem Jahr so spät kam. Einige von ihnen bemerkten, daß er sehr ruhig geworden war. Er nahm keinen Anteil an ihren Prahlereien.

Alle Hofdamen und Höflinge warteten in einem Palasthof auf den Beginn der Ringkämpfe. Sie trugen viele Gewänder, eines über dem anderen, schwer von Stickereien und goldenem Tuch. Der Schweiß rann ihnen die Gesichter herunter und fror in dem kalten Winternachmittag. Die Edelleute trugen lange Schwerter, die von dem Gold und den Edelsteinen so schwer waren, daß sie von ihnen niemals hätten benutzt werden können, auch wenn sie gewußt hätten, wie ein Schwert zu führen war. Die Hofdamen, die ihr langes schwarzes Haar herunterhängen ließen, hatten ihre Gesichter weiß wie der Tod geschminkt. Das gab ihnen ein furchterregendes Aussehen. Ihre Augenbrauen hatten sie ausgezupft, und hoch über der Linie, wo sie natürlicherweise wachsen, hatten sie neue gemalt, das ließ sie sehr erstaunt ausschauen.

Hinter einer Leinwand saß der Kaiser – allein, denn niemand durfte ihn sehen. Er war zu vornehm für den Anblick gewöhnlicher Leute und ein einsamer, alter Mann mit einem freundlichen, müden Gesicht. Er hoffte auf eine schnelle Beendigung der Ringkämpfe, damit er sich in sein Gemach zurückziehen und Gedichte schreiben konnte.

Die ersten beiden Ringer, die kämpfen sollten, waren Ewiger Berg und ein Mann, von dem gesagt wurde, er habe im ganzen Land den dicksten Bauch. Er und Ewiger Berg warfen etwas Salz in den Ring. Man glaubte, das vertreibe die bösen Geister. Der dicke Ringer hob seinen Fuß und brachte ihn mit einem fürchterlichen Stampfen herunter. Er starrte glühend zu Ewiger Berg herüber, als wolle er sagen: »Jetzt stampfe du auf, du armer furchtsamer Mann!«

Ewiger Berg hob ebenfalls seinen Fuß und setzte ihn mit Wucht auf den Boden.

Das war wie ein Donnerschlag. Die Erde bebte, und der andere Ringer flog in die Luft und wie eine Seifenblase aus dem Ring heraus.

Umständlich stand er wieder auf und verbeugte sich vor der Leinwand des Kaisers.

»Der Erdgott ist böse. Vielleicht war irgend etwas mit dem Salz nicht in Ordnung«, sagte er. »Ich glaube nicht, daß ich in dieser Saison ringen werde.« Dann verließ er den Palast und sah mißtrauisch über seine Schulter zu Ewiger Berg zurück.

Nach und nach entschlossen sich noch fünf andere Ringer, in dieser Saison nicht zu ringen.

Von da an setzte Ewiger Berg seinen Fuß nur noch sanft auf den Boden. Sobald ein Ringer den Ring betrat, nahm er ihn sehr sanft hoch, trug ihn herum und setzte ihn dann vor die Leinwand des Kaisers. Dabei verbeugte er sich jedes Mal sehr höflich.

Die hochgezogenen Augenbrauen der Hofdamen hoben sich noch höher. Die Höflinge sahen verstört und verschreckt aus. Sie liebten die feurigen, starken Männer, die aneinander zerrten und sich gegenseitig angrunzten. Doch mit Ewiger Berg war es anders. Allein der Kaiser hinter seiner Wand war glücklich, daß das Ringen diesmal so schnell vorbei war und er um so mehr Zeit für seine Gedichte haben würde. Er ließ das gesamte Preisgeld an Ewiger Berg übergeben.

»Aber«, sagte er, »du solltest besser nicht mehr ringen.« Er steckte seinen Finger durch ein dafür vorgesehenes Loch in der Leinwand, winkte mit diesem den anderen Ringern zu, die auf dem Boden saßen und vor Enttäuschung wie große, fette Babies weinten.

Ewiger Berg versprach, nie mehr zu ringen, und alle waren erleichtert.

»Ich glaube, ich will Bauer werden«, sagte Ewiger Berg, und auf der Stelle verließ er den Palast, um zu Maru-me zurückzukehren.

Maru-me wartete schon auf ihn. Als sie ihn kommen sah, rannte sie den Berg herunter, nahm ihn hoch und trug ihn und die schweren Säcke mit dem Geld den halben Berg hoch. Dann kicherte sie und setzte ihn ab. Den Rest des Weges ließ sie sich von ihm tragen.

Ewiger Berg hielt sein Versprechen und rang nie mehr in der Öffentlichkeit. In der Hauptstadt wurde sein Name vergessen. Aber wenn in den Bergen manchmal die Erde bebt und rumpelt, dann sagen die Leute, daß Ewiger Berg und Maru-mes Großmutter wieder einen Ringkampf austragen.

Lumpenhut

Norwegen

Es waren einmal ein König und eine Königin, die hatten keine Kinder. Die Königin grämte sich darüber sehr. Sie jammerte, daß es so einsam im Schloß sei, weil keine Kinder um sie herum seien.

Den König dauerte seine Frau, und er schlug ihr vor, die Kinder ihrer Verwandten einzuladen. Der Königin gefiel das, und schon sprangen ihre zwei kleinen Nichten durch das Schloß und spielten im Schloßgarten.

Eines Tages, als die Königin den beiden Mädchen liebevoll vom Fenster aus zusah, bemerkte sie ein fremdes Mädchen in Lumpen, das mit ihren Nichten Ball spielte. Die Königin eilte die Treppe hinunter.

»Kleines Mädchen«, sagte sie streng, »dies hier ist der Schloßgarten. Hier kannst du nicht spielen!«

»Wir haben sie zum Spielen eingeladen«, riefen ihre Nichten, kamen herangelaufen und nahmen das fremde Kind an die Hand.

»Wenn du wüßtest, was für Kräfte meine Mutter besitzt, würdest du mich nicht wegschicken«, sagte das Lumpenmädchen.

»Wer ist deine Mutter«, fragte die Königin, »und was für Kräfte besitzt sie?«

Das Kind deutete hinaus auf den Markt, der vor den Toren des Schlosses gehalten wurde, und zeigte auf eine Frau, die dort Eier verkaufte. »Meine Mutter kann Frauen sagen, wie sie Kinder bekommen können, auch wenn alles andere bisher fehlgeschlagen ist.«

Das interessierte die Königin sofort. »Sage deiner Mutter, daß ich mit ihr hier im Schloß sprechen möchte«, befahl sie dem Mädchen.

Das rannte hinaus auf den Marktplatz, und es dauerte nicht lange, da betrat eine große, kräftige Frau die Gemächer der Königin.

»Deine Tochter sagt, daß du Kräfte besitzt, die mir helfen könnten, eigene Kinder zu bekommen«, sagte die Königin.

»Die Königin sollte nicht auf das Geschwätz eines Kindes hören«, gab die Frau zur Antwort.

»Setz dich«, sagte die Königin und ließ ihr gutes Essen und erfrischende Getränke auftragen. Dann erzählte sie der Frau, daß sie nichts in der Welt lieber haben wollte als eigene Kinder. Die Frau trank ihr Bier aus. Sie überlegte und sagte, ja, vielleicht wisse sie einen Zauberspruch, der helfen könnte und keinen Schaden brächte.

»Bevor du ins Bett gehst, mußt du dir zwei Eimer Wasser bringen lassen«, sagte die Marktfrau. »In jedem der beiden mußt du dich waschen und hinterher das Wasser unter deinem Bett ausgießen. Wenn du am nächsten Morgen unter dein Bett siehst, werden dort zwei Blumen gewachsen sein: die eine ist schön, die andere seltsam. Die schöne mußt du essen, aber die seltsame mußt du stehen lassen. Merke dir das und vergiß es nicht.«

Die Königin folgte diesem Rat, und am nächsten Morgen standen unter ihrem Bett zwei Blumen. Die eine war grün und von seltsamem Aussehen. Die andere war rosarot und duftete. Die rosarote Blume aß sie sofort auf. Sie schmeckte so süß, daß sie gleich darauf auch die andere aß und zu sich selbst sagte: »Ich glaube weder, daß es helfen, noch daß es schaden wird!«

Es dauerte nicht lange, da merkte die Königin, daß sie schwanger war, und einige Zeit später sollte das Kind geboren werden. Es kam ein Mädchen zur Welt, das einen hölzernen Löffel in der Hand hielt und auf einer Ziege ritt. Kaum war dieses merkwürdige Wesen geboren, schrie es auch schon: »Mama!«

»Wenn ich deine Mutter bin«, sagte die Königin, »dann gebe mir Gott die Kraft, meine Wege zu richten!«

»Oh, sei unbesorgt«, sagte das Mädchen, während es auf seiner Ziege herumritt, »das nächste, das geboren wird, sieht viel schöner aus.« Und sie gebar noch ein Mädchen, das war blond und schön. Da war's die Königin zufrieden.

Die beiden Zwillingsschwestern waren so unterschiedlich, wie Kinder nur sein können, aber sie wuchsen gemeinsam auf und waren unzertrennlich. Wo die eine war, da mußte auch die andere sein. Aber die Erstgeborene hatte sehr bald den Spitznamen »Lumpenhut«, denn sie war stark, rauflustig und verwegen und ritt stets auf ihrer Ziege herum. Ihre Kleider waren immer zerrissen und schmutzig und ihre Mütze hing in Fetzen. Niemand vermochte es, sie in saubere und schöne Kleider zu stecken. Sie bestand darauf, Lumpen zu tragen. Schließlich gab es die Königin auf und ließ sie anziehen, wozu sie Lust hatte.

Eines Weihnachtsabends, als die Lumpenhutingsschwestern schon fast erwachsen waren, erhob sich auf der Treppe vor den Gemächern der Königin ein gewaltiger Lärm und ein ungeheures Gerassel. Lumpenhut fragte, was denn da im Gange sei, und die Königin sagte, da müsse wohl eine Meute von Trollen in das Schloß eingedrungen sein.

Alle sieben Jahre könne das geschehen, und nichts ließe sich dagegen ausrichten. Man dürfe den Trollen keine Beachtung schenken und müsse ihren Unfug ertragen.

Lumpenhut erwiderte: »Unsinn! Ich werde hinausgehen und sie vertreiben.«

Alle wollten sie zurückhalten und warnten sie vor den gefährlichen Trollen. Lumpenhut wollte nichts davon wissen und behauptete, sie fürchte sich nicht. Sie ermahnte die Königin, alle Türen fest verschlossen zu halten, und dann trat sie hinaus auf die Treppe, schlug mit ihrem hölzernen Löffel den Trollen auf Kopf und Schultern und trieb sie so zusammen. Das ganze Schloß bebte unter dem Krachen und Geschrei, als wolle es auseinanderbrechen.

Gerade in diesem Augenblick aber öffnete ihre Zwillingsschwester, die Angst um Lumpenhut hatte, die Tür, steckte den Kopf heraus, um zu sehen, wie es um ihre Schwester stand. Hopp! Da sprang ein Troll an ihr hoch und nahm ihr den Kopf ab und tauschte ihn gegen einen Kalbskopf aus. Auf allen vieren rannte die arme Prinzessin in das Zimmer zurück und fing an zu muhen wie ein Kalb.

Als Lumpenhut die Trolle vertrieben hatte und in das Schloß zurückkam und ihre Schwester sah, war sie sehr zornig. Sie schalt auf alle, die da wie die Tröpfe herumstanden und nicht auf ihre Schwester acht gegeben hatten.

»Ich werde versuchen, sie von dem Trollzauber zu erlösen«, sagte Lumpenhut. »Ich will in das Land der Trolle fahren. Aber ich brauche ein gutes und gerüstetes Schiff mit ordentlich Vorräten an Bord.«

Nun sah der König, daß seine Tochter nicht nur wild, sondern auch ungewöhnlich war. Er willigte ein und wollte, daß sie einen Kapitän und eine Mannschaft an Bord nähme. Lumpenhut aber war entschlossen, weder einen Kapitän noch eine Mannschaft zu dulden. Sie wollte das Schiff selbst segeln. Schließlich ließ man sie gewähren, und Lumpenhut segelte mit ihrer verzauberten Schwester davon.

Mit gutem Wind im Rücken segelten sie direkt zum Land der Trolle und warfen vor der Küste den Anker aus. Ihre Schwester ließ Lumpenhut auf dem Schiff, sie selbst aber ritt auf ihrer Ziege direkt zu dem Trollhaus hin. Durch ein offenes Fenster konnte sie den Kopf ihrer Schwester sehen. Im Nu war die Ziege durchs Fenster ins Haus gesprungen. Lumpenhut ergriff den Kopf, und schon waren sie wieder draußen. Aber die Trolle waren ihr auf den Fersen. Sie schrien und schwärmten um sie herum wie gereizte Bienen. Die Ziege schnaubte und stieß mit ihren Hörnern, und Lumpenhut schlug mit ihrem verzauberten Löffel so lange um sich, bis die Trolle aufgaben und sie entkommen ließen.

Als Lumpenhut bei ihrem Schiff angekommen war, nahm sie der Schwester den Kalbskopf herunter und setzte ihr wieder ihren eigenen schönen Kopf auf. Da war ihre Schwester ein menschliches Wesen wie zuvor.

»Laß uns weitersegeln«, sagte Lumpenhut, »damit wir etwas von der Welt sehen.« Die Schwester war einverstanden, und so segelten sie an der Küste entlang, legten einmal hier und einmal dort an, bis sie zuletzt zu einem entfernten Königreich gelangten.

Lumpenhut machte das Schiff am Ufer fest. Als die Schloßbewohner das fremde Segel sahen, schickten sie Kundschafter hinunter zum Wasser, um herauszufinden, wer das Schiff segelte und woher es kam. Die Kundschafter waren erstaunt, als sie außer Lumpenhut, die mit ihrer Ziege auf dem Deck herumritt, niemanden sonst an Bord finden konnten.

Als sie fragten, ob außer ihr noch jemand auf dem Schiff sei, antwortete Lumpenhut, ja, sie habe noch ihre Schwester dabei. Die Kundschafter verlangten sie zu sehen, aber Lumpenhut ließ es nicht zu. Da fragten sie an, ob die Schwestern nicht zu dem König und seinen zwei Söhnen auf das Schloß kommen wollten.

»Nein«, sagte Lumpenhut wieder. »Nein, sie mögen zum Schiff herunterkommen, wenn sie uns sehen wollen.«

Der ältere Prinz war neugierig, die fremden Mädchen zu sehen, und schon am nächsten Tag eilte er hinunter an die Küste. Als er die schöne, jüngere Zwillingsschwester sah, verliebte er sich sofort in sie und wollte sie heiraten.

»Nein, kommt nicht in Frage«, erklärte diese. »Ich verlasse meine Schwester nicht. Ich heirate nicht, bevor sie nicht auch geheiratet hat.«

Niedergeschlagen kehrte der Prinz ins Schloß zurück. Wer würde dieses häßliche Mädchen, das auf einer Ziege ritt und zerlumpt wie ein Bettler aussah, jemals heiraten? Aus Gastfreundschaft aber wurden beide Schwestern zu einem Festessen auf das Schloß eingeladen, und der Prinz bat seinen jüngeren Bruder, Lumpenhut das Geleit zu geben.

Die jüngere Schwester wusch ihr Haar und zog ihr schönstes Kleid an. Aber Lumpenhut weigerte sich, andere Kleidung anzulegen. »Anstelle dieses zerlumpten Mantels und der alten Stiefel könntest du eines meiner Kleider tragen«, sagte ihre Schwester. Aber Lumpenhut lachte nur.

»Du könntest diesen zerfetzten Hut abnehmen und dir die rußigen Streifen aus dem Gesicht wischen«, sagte ihre Schwester ärgerlich, denn sie wollte, daß ihre geliebte Schwester am schönsten aussähe.

»Nein«, sagte Lumpenhut, »ich will gehen, wie ich bin.«

Alle Leute aus der Stadt kamen herbeigelaufen, um die Fremden zum Schloß reiten zu sehen. Und was das für ein Aufmarsch war! An der Spitze des Zuges ritten der Prinz und die Schwester von Lumpenhut auf schönen, weißen Pferden, die mit goldenen Tüchern geschmückt waren. Ihnen folgte der Bruder des Prinzen auf einem herrlichen Roß im Silberschmuck. Neben ihm ritt Lumpenhut auf ihrer Ziege.

»Von einem Gespräch hältst du wohl nicht viel«, fragte Lumpenhut. »Hast du nicht irgend etwas zu sagen?«

»Was soll es zu sagen geben?« gab er zurück. Sie ritten schweigend weiter, bis er schließlich herausplatzte: »Warum reitest du diese Ziege anstelle eines Pferdes?«

»Da dir eingefallen ist zu fragen«, sagte Lumpenhut, »kann ich auch auf einem Pferd reiten, wenn ich es will.« Sofort verwandelte sich die Ziege in eine feine Stute.

Da staunte der junge Mann mit weit aufgerissenen Augen.

»Warum versteckst du deinen Kopf unter diesem lumpigen Hut?« fragte er weiter.

»Ist das ein lumpiger Hut? Das kann ich ändern, wenn ich es nur will«, sagte sie. Und da saß auf ihrem langen, schwarzen Haar ein goldener Reif, der mit winzigen Perlen besetzt war.

»Was bist du doch für ein ungewöhnliches Mädchen!« rief der Prinz. »Aber diesen Holzlöffel — warum trägst du den?«

»Ist das ein Löffel?« Und der Löffel verwandelte sich in ihrer Hand in einen Zauberstab aus Ebereschenholz mit einer goldenen Spitze.

»Ich verstehe!« rief der Prinz. Er lächelte und summte eine kleine Melodie vor sich her, während sie weiterritten.

Schließlich sagte Lumpenhut: »Willst du mich nicht fragen, warum ich diese zerlumpten Kleider trage?«

»Nein«, sagte der Prinz. »Du trägst sie, weil du es so haben willst, und willst du es anders haben, dann sorgst du dafür.«

Da verschwanden auch die zerlumpten Kleider, und Lumpenhut war in einen grünen Samtmantel gekleidet. Der Prinz lächelte und sprach: »Die Farbe steht dir sehr gut.«

Als sie an das Schloß herankamen, sagte Lumpenhut: »Und möchtest du mich nicht darum bitten, mein Gesicht unter den Rußstreifen sehen zu dürfen?«

»Nur, wenn du es möchtest.«

Als sie durch die Tore des Schlosses ritten, berührte Lumpenhut ihr Gesicht mit dem Ebereschenstab, und die Rußstreifen verschwanden. Ob ihr Gesicht nun schön oder einfach war, das werden wir niemals erfahren, denn für den Prinzen und Lumpenhut war das ganz gleichgültig.

Aber von einem weiß ich zu berichten: Auf dem Schloß wurde ein Fest gefeiert mit Singen, Spielen und Tanzen, und das dauerte etliche Tage lang.

Die Riesenraupe

Elfenbeinküste

Lange, lange ist es her, da gab es eine Riesenraupe, die war so fett wie ein Elefant. Ihr Maul war so rot wie ihr Schwanz. Ihr Körper war mit Haaren bedeckt, und auf ihrem Kopf trug sie ein langes, spitzes Horn.

Eines Tages gingen Mory, Bamba und Badjina auf das Feld. Unterwegs trafen sie die Raupe, die sich quer über den Weg hingestreckt hatte, um zu schlafen. Die Kinder konnten nicht vorbei.

Bamba grüßte höflich und sagte zu ihr: »Guten Tag, Papa.«

»M'ba«, antwortete die Raupe — das hieß »Guten Tag, ich danke dir« — und rückte zur Seite.

Als nächster sprach Mory: »Guten Tag, Großvater, wie geht es Euch?«

»M'ba«, antwortete die Raupe, und Mory konnte an ihr vorbei.

Dann war Badjina an der Reihe. Er wollte auch vorbei, aber er war nicht so höflich wie seine Freunde. Er kam an die Raupe heran und rief: »Guten Tag, Raupe.« Die Raupe gab keine Antwort. Sie rückte kein Stückchen zur Seite und versperrte den Weg mit ihrem langen, pelzigen Körper.

Badjina rief: »Rotmäulige Raupe, ich habe guten Tag gesagt!«

Aber die Raupe antwortete nicht. Sie rührte sich nicht. Badjina brüllte: »Rotschwänzige Raupe, ich habe guten Tag gesagt!«

Da wurde die Raupe noch etwas roter, wandte sich dem Jungen böse zu und HOPP!!! hatte sie Badjina mit einem einzigen Bissen verschluckt.

Mory und Bamba waren sehr erschrocken. Sie versteckten sich im Busch und wagten erst in das Dorf zurückzukehren, als die Raupe nicht mehr zu sehen war.

Badjinas Vater lief zum Häuptling. »Mein Sohn ist von der fetten Raupe gefressen worden!« jammerte er.

Der Häuptling rief alle Männer zusammen. »Bringt eure Flinten«, befahl er, »alle eure Pfeile und Bogen. Wir müssen die Raupe finden, und wenn wir sie finden, werden wir sie töten.«

Die Männer jagten in den Busch. Als sie aber die gewaltige Raupe zu Gesicht bekamen, das riesige rote Maul und das lange, spitze Horn auf ihrem Kopf sahen, warfen sie ihre Flinten weg, machten kehrt und rannten, was sie konnten, ohne zurückzusehen, direkt ins Dorf zurück.

»Warum rennt ihr? Wo ist mein Sohn?« fragte Badjinas Mutter.

»Das kannst du dir nicht vorstellen«, antwortete der Häuptling. »Das Tier ist so fett, wie der Baobab de Diamadougou* groß ist. Sein Maul ist größer als eine Kalebasse**. Wir fürchteten uns und rannten um unser Leben.«

Badjinas Mutter weinte unaufhörlich. Aber die älteste Frau des Dorfes tröstete sie und sprach:« Wenn dir die Männer deinen Badjina nicht zurückbringen können, werden wir Frauen gehen und die Raupe töten. Wir werden dir dein Kind nach Hause bringen.«

Da trafen sich alle Frauen auf dem Dorfplatz. Einige trugen Stöcke, mit denen sie sonst Getreide stampften, einige brachten große, hölzerne Kochlöffel, einige brachten die Messer, mit denen sie die Yamwurzeln schälten, und einige brachten sogar die Äxte, mit denen sie ihr Feuerholz schlugen.

Als sie das Dorf verließen, lachten sie über die Männer.

»Wir Frauen haben keine Angst«, sagten sie. »Wir werden den roten Schwanz und das große, spitze Horn der Raupe mitbringen!«

Als die Frauen mehrere Stunden gegangen waren, fanden sie die Raupe. Sie lag wie gewöhnlich mitten auf dem Weg. Sie schlief wie eine Boa Constrictor, bereit, eine Hirschkuh zu verschlingen.

Bindou, die mutigste der Frauen, näherte sich der Raupe auf Zehenspitzen. Sie machte einen Schritt, sie machte einen zweiten Schritt, sie machte einen dritten Schritt, bis sie fast am Kopf des Tieres stand. Dann hob sie ihren Stock, den sie zum Getreidestampfen benutzte, hoch, noch höher und noch etwas höher und ... PENG! ... hatte sie mit einem donnernden Schlag das Tier erlegt. »Kommt alle her! Kommt alle her! Beeilt euch!« rief sie.

Die Frauen kamen ... trapp! ... trapp! ... trapp! ... angerannt.

»Die Raupe ist tot!« riefen sie triumphierend. »Laßt uns schnell ihren Magen öffnen.«

Und was, glaubst du, haben sie im Inneren der Raupe gefunden? Den kleinen Badjina, lebend und unverletzt.

Da schnitten die Frauen starke Ranken von den Büschen und banden damit die Raupe. Dann schleiften sie das Tier zum Dorf zurück.

»Seht, seht her!« riefen sie. »Wir haben Badjina gefunden, und er lebt noch. Wir Frauen haben die Raupe getötet.«

»Schneidet sie in Stücke«, riefen alle.

Aber ach! Bei jedem Messerschnitt krochen zehn, hundert, tausend kleine Raupen aus dem fetten Körper des Tieres. Sie krochen über den Boden, durch die Straßen, auf den Dorfplatz und sogar in die Häuser.

Und darum finden wir bis auf den heutigen Tag überall auf der Erde Raupen.

** Der »Baobab de Diamadougou« ist ein riesiger Baum des tropischen Afrika, sein Stamm ist ungeheuer dick, und seine Früchte sind wie Kürbisse.*

*** Kürbis und aus Kürbis angefertigtes Gefäß*

Die kluge Manka

Es war einmal ein reicher Bauer, der war so raffgierig wie geizig und ebenso reich. Seinen Geschäften ging er rücksichtslos nach und nahm seinen armen Nachbarn ab, soviel er nur konnte. Einer dieser Nachbarn war ein bescheidener Schäfer, dem der Bauer die Bezahlung eines Kalbes schuldete. Als der Zahlungstermin gekommen war, weigerte sich der Bauer, dem Schäfer das Kalb zu geben. So war der Schäfer gezwungen, die Sache vor den Bürgermeister des Dorfes zu bringen.

Der Bürgermeister war noch ein junger Mann und ohne große Erfahrung in Richtersprüchen. Er hörte sich beide Seiten an, und nachdem er etwas nachgedacht hatte, sagte er: »Anstatt in dieser Sache eine Entscheidung zu fällen, will ich euch beiden ein Rätsel aufgeben, und derjenige, der die beste Antwort gibt, soll das Kalb behalten. Seid ihr einverstanden?«

Der Bauer und der Schäfer nahmen diesen Vorschlag an, und der Bürgermeister sagte: »Nun gut, hier ist das Rätsel: Was ist das schnellste Ding der Welt? Was ist das süßeste? Was ist das wertvollste? Denkt gut über eure Antworten nach und bringt sie morgen zur gleichen Zeit.«

Der Bauer ging wütend nach Hause. »Was für ein Bürgermeister ist dieser junge Kerl!« brummte er. »Hätte er mir das Kalb gelassen, hätte ich ihm einen Scheffel Birnen geschickt. Jetzt kann ich das Kalb verlieren, denn mir fällt auch nicht eine einzige Antwort auf dieses dumme Rätsel ein.«

»Wie lautet denn das Rätsel?« fragte seine Frau. »Vielleicht kann ich dir helfen.« Der Bauer wiederholte die Fragen, und seine Frau sagte, daß sie selbstverständlich die Antworten darauf wisse.

»Unsere graue Stute ist das Schnellste auf der Erde«, sagte sie. »Du weißt, daß uns noch nie etwas auf der Straße überholt hat. Und was das Süßeste betrifft — hast du je einen Honig gekostet, der süßer als unserer ist? Und ich bin sicher, daß es nichts Wertvolleres gibt als unsere Kiste mit den goldenen Dukaten, die wir über all die Jahre gespart haben.«

Der Bauer freute sich. »Du hast recht! Jetzt werden wir das Kalb behalten können.«

Währenddessen war der Schäfer sehr niedergeschlagen und traurig zu Hause angekommen. Seine Tochter, ein kluges Mädchen mit Namen Manka, fragte nach seinem Kummer.

Der Schäfer seufzte: »Ich fürchte, daß ich das Kalb verloren habe. Der Bürgermeister hat uns ein Rätsel aufgegeben, das ich nie werde lösen können.«

»Wie lautet das Rätsel? Vielleicht kann ich dir helfen«, sagte Manka.

Der Schäfer wiederholte die Fragen, und am nächsten Tag, bevor er sich zum Bürgermeister begab, sagte ihm Manka die Antworten.

Als der Schäfer das Haus des Bürgermeisters erreichte, war der Bauer bereits da. Der Bürgermeister wiederholte das Rätsel und fragte, was die beiden zu antworten wüßten.

Der Bauer sagte wichtig: »Das schnellste Ding in der Welt? Nun, das ist selbstverständlich meine graue Stute, denn noch nie hat uns ein anderes Pferd auf der Straße überholt. Das

Süßeste? Das ist der Honig von meinen Bienenstöcken. Das Wertvollste? Was kann wertvoller sein als meine Kiste mit Goldstücken?«

»Hmmmm«, sagte der Bürgermeister. »Schäfer, was antwortest Du?«

»Das schnellste Ding in der Welt«, sagt der Schäfer, »das ist der Gedanke, denn der Gedanke kann im Handumdrehen jede Entfernung nehmen. Das Süßeste von allem ist der Schlaf, denn wenn ein Mensch traurig und müde ist, was kann ihm da noch süßer sein? Das Wertvollste aber ist die Erde, denn die Erde bringt allen Reichtum der Welt hervor.«

»Bravo!« rief der Bürgermeister. »Das Kalb gehört dem Schäfer.« Als der Bauer mürrisch von dannen gezogen war, fragte der Bürgermeister den Schäfer: »Nun sag mir aber doch, wer weiß solche Antworten? Ich bin sicher, du hast sie dir niemals selbst ausgedacht.«

Der Schäfer wollte zunächst nicht darüber sprechen, schließlich aber gestand er, daß die Antworten von seiner Tochter Manka stammten. Das interessierte den Bürgermeister, und er schickte seine Haushälterin nach zehn Eiern und gab sie dem Schäfer.

»Bring diese Eier Manka und sage ihr, daß ich sie bis morgen ausgebrütet haben will, und sie soll mir die Küken bringen«, sagte er dazu.

Der Schäfer ging nach Hause, gab Manka die Eier und sagte ihr, was ihm der Bürgermeister aufgetragen hatte. Manka lachte und sagte: »Nimm eine Handvoll Mais und bringe sie dem Bürgermeister. Wenn er die Maiskörner steckt, daß sie bis morgen geerntet werden können, dann bringe ich zehn Küken, die mit dem reifen Mais gefüttert werden können.«

Als der Bürgermeister diese Antwort hörte, lachte er herzlich. »Du hast eine kluge Tochter! Ich würde sie gerne kennenlernen. Sage ihr, daß sie zu mir kommen soll — aber sie darf weder bei Tag noch bei Nacht und weder geritten noch gegangen kommen, weder angezogen noch ausgezogen sein.«

Manka lächelte, als sie diese Botschaft erhielt. Beim nächsten Morgengrauen, als die Nacht schon vorbei, aber der Tag noch nicht angebrochen war, machte sie sich auf den Weg. Sie hatte sich in ein Fischnetz gewickelt, das eine Bein über den Rücken einer Ziege geschwungen, und das andere lief auf dem Boden. So kam sie zu dem Haus des Bürgermeisters.

War sie angezogen? Nein, denn ein Fischnetz ist kein Kleidungsstück. War sie ausgekleidet? Natürlich nicht, denn sie war überall mit dem Fischnetz bedeckt. Ging sie? Nein, sie ging nicht, denn sie hatte das eine Bein über die Ziege geschwungen. Ritt sie? Natürlich ritt sie nicht, denn ging sie nicht mit einem Fuß?

Als sie das Haus des Bürgermeisters erreicht hatte, rief sie laut: »Hier bin ich, und ich komme weder bei Tag noch bei Nacht, weder geritten noch gehend, weder angezogen noch ausgezogen.«

Der Bürgermeister war so begeistert von Mankas Klugheit, daß er sie heiraten wollte, und es dauerte nicht lange, da hatte Manka eingewilligt.

»Aber hüte dich, Manka, deine Klugheit auf meine Kosten auszuspielen«, sagte er. »Du darfst dich in keinem Fall in meine Angelegenheiten einmischen. Wenn du denen, die wegen eines Urteilsspruchs zu mir kommen, einen Ratschlag gibst, schicke ich dich zurück zu deinem Vater!«

»Einverstanden«, sagte Manka, »ich will nur dann einen Rat geben, wenn du danach fragst.«

Eine Zeitlang ging alles gut. Manka besorgte fleißig das Haus und hielt sich fern von den Geschäften ihres Mannes.

Eines Tages kamen zwei Bauern zu dem Bürgermeister, damit er ihren Streit schlichte. Einer der Bauern besaß eine Stute, die auf dem Marktplatz ihr Fohlen geworfen hatte. Das Fohlen war unter den Wagen des anderen Bauern gelaufen, und der Besitzer des Wagens wollte nun das Fohlen behalten. Der Bürgermeister war in Gedanken, als der Fall vorgetragen worden war, und sagte sorglos: »Der Mann, der unter seinem Wagen das Fohlen gefunden hat, ist der Besitzer.«

Als Manka davon hörte, schämte sie sich, daß ihr Ehemann eine so ungerechte Entscheidung gefällt hatte. Sie sagte zu dem Bauern, dem die Stute gehörte: »Komm am Nachmittag mit einem Fischernetz zurück und lege es auf der staubigen Straße aus. Wenn der Bürgermeister dich sieht, wird er herauskommen und fragen, was du machst. Sage ihm, daß du Fische fängst. Und wenn er dich fragt, warum du auf einer staubigen Straße Fische fangen willst, dann sage ihm, daß es ebenso leicht sei, auf einer staubigen Straße Fische zu fangen wie von einem Wagen ein Fohlen zu bekommen. Bedenke aber eines — du darfst ihn nicht wissen lassen, daß ich dir das gesagt habe.«

Als der Bürgermeister am Nachmittag aus dem Fenster sah, erblickte er einen Mann, der ein Fischernetz über die trockene Straße auswarf. Er kam heraus und fragte: »Was machst du da?«

»Fischen.«

»Fischen auf einer staubigen Straße? Bist du verrückt geworden?«

»Wieso?« sagte der Mann,« es ist doch gerade so leicht, auf einer staubigen Straße Fische zu fangen, wie von einem Wagen ein Fohlen zu bekommen.«

Da merkte der Bürgermeister, daß er ein gedankenloses und ungerechtes Urteil gefällt hatte. »Natürlich gehört das Fohlen zu deiner Stute, und es muß dir zurückgebracht werden«, gestand er ein. »Aber sage mir doch, wer hat dich hierzu angestiftet? Du bist doch nicht selbst darauf gekommen!«

Der Bauer wollte schweigen, aber der Bürgermeister fragte so hartnäckig, bis er herausgefunden hatte, daß Manka dahintersteckte. Da wurde er sehr zornig. Er stürzte ins Haus und rief nach seiner Frau.

»Manka«, sagte er, »ich habe dir gesagt, was geschieht, wenn du dich in meine Angelegenheiten einmischst! Ich will keine Entschuldigung hören. Du gehst noch an diesem Tag nach Hause und darfst nur eines mitnehmen, das, woran dein Herz am meisten hängt.«

Manka widersprach nicht. »Gut, mein lieber Ehemann. Ich werde zu meines Vaters Haus gehen und nur ein Ding mitnehmen. Aber ich will nicht vor dem Abendessen aufbrechen. Wir waren immer glücklich miteinander, und ich möchte ein letztes Mal mit dir zusammen essen. Laß uns nicht streiten. Wir wollen freundlich wie immer zueinander sein und uns als Freunde trennen.«

Der Bürgermeister stimmte zu, und Manka bereitete ein feines Abendessen vor, alle Gerichte, die der Ehemann besonders liebte. Der Bürgermeister öffnete seinen erlesensten Wein und trank auf Mankas Gesundheit. Dann setzten sie sich zum Essen nieder, und es war so gut, daß er aß und aß und aß. Und je mehr er aß, desto mehr trank er auch, bis er müde wurde und in seinem Stuhl einschlief. Da trug ihn Manka, ohne ihn aufzuwecken, nach draußen auf ihren Wagen, der dort wartete, und nahm ihn mit zu ihrem Vater.

Als der Bürgermeister am nächsten Morgen die Augen aufschlug, fand er sich in der Hütte des Schäfers.

»Was soll das bedeuten?« brüllte er.

»Nichts, mein lieber Ehemann«, sagte Manka. »Du hast gesagt, daß ich eine Sache aus unserem Haus mitnehmen dürfte, an der mein Herz besonders hängt. Da habe ich natürlich dich genommen. Das ist alles.«

Der Bürgermeister sah sie verblüfft an. Dann lachte er laut und herzlich darüber, wie Manka ihn überlistet hatte.

»Manka«, sagte er, »du bist zu klug für mich. Komm, meine Liebe, laß uns nach Hause gehen.«

So stiegen sie wieder in den Wagen und fuhren nach Hause. Nie wieder stritt der Bürgermeister mit seiner Frau. Immer, wenn er einen besonders schwierigen Fall zu lösen hatte, sagte er: »Ich glaube, es ist besser, wir fragen in dieser Angelegenheit meine Frau. Ihr wißt, sie ist eine sehr kluge Frau.«

Variationen dieses zentraleuropäischen Märchens gibt es in verschiedenen Kulturen und Ländern. »Des Bienenzüchters Tochter« ist eine Parallele in der jüdischen Volksdichtung, wie auch eine ähnliche Geschichte in der »Basilikum« aus Chile gefunden werden kann. Alle diese Volksweisen haben als typisches Merkmal die klugen Antworten von Frauen, besonders auf Rätsel.

Die Suche nach dem Zaubersee

Ecuador

Lange ist es her, da lebte in dem großen Inka-Reich ein Kaiser, der hatte nur einen einzigen Sohn. Dieser Junge bereitete dem Vaterherz große Freude, aber auch Kummer, denn er war von Geburt an krank.

Auch als der Prinz älter wurde, ging es ihm nicht besser, und keiner der Ärzte am Hof war fähig, ein Heilmittel gegen seine Krankheit zu finden.

Eines Nachts fiel der Kaiser auf die Knie nieder und betete vor dem Altar.

»Oh, Ihr Großen«, sagte er. »Ich werde älter, und ich werde bald mein Volk verlassen und bei Euch in den Himmeln sein. Da ist niemand, der sich um mein Volk kümmern wird, nur mein Sohn, der Prinz. Ich bete zu Euch, daß ihr ihn gesund und stark macht, auf daß er ein würdiger Regent des Landes werden möge. Sagt mir, wie seine Krankheit geheilt werden kann.«

Der Kaiser legte seinen Kopf in die Hände und wartete auf eine Antwort. Bald darauf hörte er eine Stimme, die aus der Flamme vor dem Altar kam.

»Laß den Prinzen von dem Wasser des Zaubersees am Ende der Welt trinken«, sagte die Stimme, »und er wird gesund werden.«

In diesem Augenblick flackerte das Feuer auf und erstarb. Unter der kalten Asche lag ein goldenes Fläschchen.

Der Kaiser war viel zu alt, um eine Reise bis ans Ende der Welt anzutreten. Und der junge Prinz war viel zu krank, um zu reisen. Da ließ der Kaiser verkünden, wer immer die goldene Flasche mit dem Zauberwasser fülle, dem werde großer Dank sicher sein.

Viele tapfere Männer machten sich auf die Suche nach dem Zaubersee. Niemand konnte ihn finden. Tage und Wochen vergingen, und das Fläschchen blieb leer.

In einem Tal, weit entfernt von dem Palast des Kaisers, lebte ein armer Bauer. Er hatte eine Frau, zwei erwachsene Söhne und eine junge Tochter.

Eines Tages sagte der ältere Sohn zu seinem Vater: »Erlaube es mir und meinem Bruder, uns an der Suche nach dem Zaubersee zu beteiligen. Vor dem neuen Mond noch werden wir wieder zurück sein und dir bei der Ernte des Mais und der Kartoffeln helfen.«

Der Vater schwieg. Er dachte nicht an die Ernte, er bangte um seine Söhne.

Als der Vater nicht antwortete, fügte der zweite Sohn hinzu: »Denke an die reiche Belohnung, Vater!«

»Es ist ihre Pflicht zu gehen«, sagte die Bäuerin, »wir müssen versuchen, unserem Kaiser und dem jungen Prinzen zu helfen.«

Nachdem seine Frau gesprochen hatte, gab der Vater nach.

»Geht, wenn ihr müßt, aber hütet euch vor den wilden Tieren und den bösen Geistern«, sagte er.

Mit dem Segen ihrer Eltern machten sich die Söhne auf die Reise.

Sie fanden viele Seen, aber keinen, an dem der Himmel das Wasser berührte.

Schließlich sagte der jüngere Bruder: »Bevor noch ein Tag vergeht, müssen wir umkehren und unserem Vater bei der Ernte helfen.«

»Ja«, stimmte der andere zu, »aber ich habe mir etwas ausgedacht. Laß uns von jedem See, an den wir vorbeikommen, einen Topf voll Wasser mitnehmen und uns sagen, das Wasser könne den Prinzen heilen. Auch wenn es das nicht tut, so werden wir sicher für unsere Mühe vom Kaiser eine kleine Entschädigung erhalten.«

»Einverstanden«, sagte der jüngere Bruder.

Als sie bei dem Palast ankamen, berichteten die Brüder dem Kaiser, sie hätten Wasser vom Zaubersee mitgebracht. Sofort wurde dem Prinzen aus jedem ihrer Töpfe ein Schluck gereicht. Und wie zu erwarten, blieb der Prinz so krank wie zuvor.

»Vielleicht muß das Wasser aus dem goldenen Fläschchen getrunken werden«, sagte einer der hohen Priester.

Das goldene Fläschchen aber wollte das Wasser nicht halten. Es verschwand, sobald es in das Fläschchen gefüllt worden war.

In seiner Verzweiflung rief der Kaiser nach seinem Zauberer und sprach zu ihm: »Kannst du den Zauber der Flasche brechen, damit das Wasser darin bleibt und mein Sohn daraus trinken kann?«

»Eure Majestät«, antwortete der Zauberer, »das kann ich nicht. Aber ich glaube«, fügte er weise hinzu, daß uns die Flasche sagt, daß wir von den beiden Brüdern betrogen worden sind. Die Flasche kann nur mit Wasser aus dem Zaubersee gefüllt werden.«

Als die zwei Brüder dies hörten, zitterten sie vor Furcht, denn sie wußten, daß ihre Lüge aufgedeckt worden war.

Der Kaiser war so erbost, daß er befahl, sie in Ketten zu legen. Jeden Tag wurden sie gezwungen, von dem Wasser aus ihren Töpfen zu trinken, um an ihren Betrug erinnert zu werden. Die Nachricht von ihrer Strafe wurde schnell überall bekannt.

Wieder sandte der Kaiser Botschafter durch das ganze Land, um Mutige zu finden, die sich auf die Suche nach dem Zauberwasser begeben würden, ehe der Prinz gestorben war.

Súmac, die Schwester der zwei Brüder, hütete ihre Lamas, als sie den Klang der königlichen Trompeten hörte. Dann vernahm sie die Stimme des kaiserlichen Boten, der die dringende Botschaft des Hofes verlas.

Schnell führte Súmac ihre Lamas nach Hause und bat ihre Eltern, sie auf die Suche nach dem Zaubersee gehen zu lassen.

»Du bist zu jung«, sagte der Vater. »Und denke daran, wie es deinen Brüdern ergangen ist. Ein böser Geist muß von ihnen Besitz ergriffen und ihnen eine Lüge eingeflüstert haben.«

Und ihre Mutter sagte: »Wir könnten es nicht ertragen, ohne dich zu sein, Súmac.«

»Aber denkt doch auch daran, wie traurig unser Kaiser sein wird, wenn der junge Prinz stirbt«, antwortete Súmac. »Und wenn ich den Zaubersee finde, dann wird der Kaiser vielleicht meinen Brüdern vergeben und sie nach Hause schicken.«

»Vielleicht ist es Gottes Wille, daß wir sie gehen lassen«, sagte Súmacs Mutter.

Und wieder gab der Vater seine Einwilligung.

Súmac war überglücklich. Sie sprang hinaus, um ihr Lieblingslama anzuschirren. Es sollte ihre Vorräte tragen und ihr Gesellschaft leisten.

Ihre Mutter füllte einen gewebten Beutel mit Essen und Getränken – geröstete goldene Maiskörner und einen kleinen irdenen Topf mit Chicha, einem Getränk aus gestoßenem Mais.

Die drei umarmten sich. Die Tränen standen ihnen in den Augen. Súmac führte das Lama neben sich den Pfad entlang.

Die erste Nacht schlief sie im Schutz hoher Felsen, behaglich und warm, dicht bei ihrem Lama. Als sie aber den hungrigen Schrei des Puma hörte, fürchtete sie um ihr Lieblingstier und bat es, allein nach Hause zurückzukehren.

Die nächste Nacht verbrachte sie in den oberen Ästen eines hohen Baumes, weit außerhalb der Reichweite des furchtbaren Puma. Ihre Vorräte versteckte sie in dem Loch eines Baumstammes.

Bei Sonnenaufgang wurde sie von den Stimmen freundlicher Sperlinge geweckt, die sich auf einem Ast nahebei ausruhten.

»Armes Kind«, sagte der älteste Spatz, »sie kann ihren Weg zu dem Zaubersee niemals finden.«

»Laßt uns ihr helfen«, sagten die anderen.

»Oh, bitte, helft mir!« flehte das Kind, »und vergebt mir, daß ich in euren Baum eingedrungen bin.«

»Wir heißen dich willkommen«, tschilpte ein anderer Spatz, »denn du bist dasselbe Mädchen, das gestern seinen goldenen Mais mit uns geteilt hat.«

»Wir werden dir helfen«, fuhr der andere Spatz fort, der der Wortführer zu sein schien, »denn du bist ein gutes Mädchen. Jeder von uns wird dir eine Feder geben, und die mußt du wie einen Fächer in der Hand halten. Die Federn haben magische Kräfte und werden dich tragen, wohin immer du willst. Sie werden dich auch vor Unheil schützen.«

Jeder Sperling hob den Flügel und suchte nach einer bestimmten Feder, die darunter versteckt war. Diese gaben sie Súmac. Sie fügte sie so zusammen, daß sie die Form eines Fächers bildeten, dann nahm sie ein Band aus ihrem Haar und knotete die Federn so fest zusammen, daß keine verloren gehen konnte.

»Ich muß dich warnen«, sagte der älteste Spatz, »denn der See wird von drei Ungeheuern bewacht. Hab aber keine Angst. Halte den Fächer vor dein Gesicht, und es wird dir nichts Böses geschehen.«

Súmac bedankte sich bei den Vögeln. Dann hob sie den Fächer und sprach: »Bitte, Zauberfächer, trage mich zu dem See am Ende der Welt.«

Eine sanfte Brise wehte sie aus der Spitze des Baumes und durch das Tal. Dann wurde sie hochgehoben, höher und höher, bis in den Himmel hinein, so daß sie heruntersehen konnte auf die höchsten Bergspitzen, die mit ewigem Schnee bedeckt waren.

Schließlich setzte sie der Wind am Strand eines wunderschönen Sees nieder. Es war tatsächlich der See am Ende der Welt, denn am Horizont berührte der Himmel das Wasser.

Súmac steckte den Fächer in ihren Gürtel und lief an das Ufer. Da erschrak sie. Alles hatte sie im Wald bei den Vögeln zurückgelassen. Worin aber sollte sie nun das kostbare Wasser für den Prinzen tragen?

»Ach, hätte ich doch nur an den Topf gedacht!« sagte sie.

Plötzlich hörte sie ein dumpfes Geräusch direkt vor ihren Füßen, und vor ihr lag ein wunderschönes goldenes Fläschchen – genau so eines, wie es der Kaiser in der Asche seines Feuers gefunden hatte.

Súmac nahm das Fläschchen und kniete am Wasser nieder. In diesem Augenblick sagte eine fauchende Stimme hinter ihr: »Verlasse meinen See, oder ich werde meine langen, haarigen Beine um deinen Hals wickeln.«

Súmac drehte sich um. Da stand hinter ihr eine riesige Krabbe, die war so groß wie ein Schwein und so schwarz wie die Nacht.

Mit zitternden Händen nahm das Kind den Fächer aus seinem Gürtel und öffnete ihn vor seinem Gesicht. Sobald die Krabbe den Fächer gesehen hatte, fiel sie nieder in den Sand, schloß ihre Augen und schlief ein.

Súmac versuchte wieder das Fläschchen zu füllen. Diesmal wurde sie von einer fürchterlichen Stimme und von Blasen, die aus dem Wasser stiegen, erschreckt.

»Verlasse meinen See, oder ich werde dich fressen«, gluckste ein riesiger grüner Alligator. Mit seinem Schwanz schlug es ärgerlich das Wasser.

Súmac wartete, bis das Ungetüm nähergeschwommen kam. Dann hielt sie den Fächer hoch. Der Alligator blinzelte. Er zog sich zurück. Langsam und leise sank er auf den Grund des Sees und schlief dort ein.

Bevor sich Súmac von ihrem Schrecken erholen konnte, hörte sie in der Luft ein schrilles Pfeifen. Sie blickte auf und sah über sich eine fliegende Schlange. Ihre Haut war so rot wie das Blut, und aus ihren Augen sprühten Funken.

»Verlasse meinen See, oder ich werde dich beißen«, zischte die Schlange und schlug schon mit ihren Flügeln um Súmacs Kopf.

Wieder hob Súmac den Fächer, und die Schlange schloß die Augen und glitt abseits zu Boden. Sie faltete ihre Flügel zusammen, rollte sich in den Sand ein und fing an zu schnarchen.

Súmac zitterte und mußte sich setzen. Sie kauerte sich an das Ufer. Die Gefahr war vorüber.

»Jetzt kann ich die goldene Flasche füllen und mich auf den Weg machen«, sagte sie zu sich selbst.

Sie schöpfte das klare Wasser in das Fläschchen und hielt in der einen Hand die Flasche fest, und mit der anderen umklammerte sie den Fächer.

»Bitte«, sprach sie wieder höflich zu ihm, »bring mich jetzt zum Palast.«

Kaum hatte sie die Worte gesprochen, da war sie auch schon vor den Toren des Palastes angekommen. Sie sah zu einem großen Wachposten auf.

»Ich möchte den Kaiser sehen«, sagte Súmac mit bebender Stimme.

»Warum, kleines Mädchen«, fragte der Wachposten freundlich.

»Ich bringe das Wasser vom Zaubersee, um den Prinzen zu heilen.«

Der Wachposten sah sie verwundert an.

»Komm!« befahl er mit einer Stimme, die so laut und tief wie der Donner war.

Súmac wurde in das Gemach des Prinzen geführt. Der Kaiser schritt verzweifelt darin auf und ab. Der Prinz lag bewegungslos in einem hohen Bett. Seine Augen waren geschlossen, und das Gesicht war ohne Farbe. Neben ihm kniete seine Mutter und weinte.

Ohne ein Wort ging Súmac zu dem Prinzen und gab ihm einige Tropfen von dem Wasser aus ihrem Fläschchen. Bald öffnete er seine Augen. Seine Wangen röteten sich. Es dauerte nicht lange, und der Prinz saß aufrecht im Bett.

»Wie stark ich mich fühle!« rief er.

Der Kaiser umarmte Súmac, und sie erzählte von ihrer abenteuerlichen Reise zu dem See am Ende der Welt. Alle lobten ihren Mut und wunderten sich darüber, wie das goldene Fläschchen zu ihr gelangt war, und staunten über die magische Kraft der Federn.

»Liebes Kind«, sagte der Kaiser, »alle Reichtümer meines Königreiches reichen nicht aus, dich zu belohnen. Bitte um was du willst, und es soll geschehen.«

»Oh, großzügiger Kaiser«, sagte Súmac scheu, »ich habe aber drei Wünsche.«

»Nenne sie, und ich werde sie erfüllen«, verlangte der Kaiser.

»Zuerst möchte ich, daß meine Brüder freigelassen werden und zu meinen Eltern zurückkehren können. Sie haben ihre Strafe gehabt und werden nie mehr lügen. Ich weiß, daß sie bei dem, was sie getan haben, nur an meine Eltern gedacht haben. Bitte, vergib ihnen.«

»Wache, laßt die zwei sofort frei!« befahl der Kaiser.

»Zweitens möchte ich, daß der Zauberfächer in den Wald zurückgebracht wird, damit die Sperlinge ihre Federn wiederbekommen.«

Der Kaiser hatte keine Gelegenheit zu sprechen, denn bevor irgend jemand auch nur einen Ton hätte hervorbringen können, erhob sich der Fächer, spannte sich weit auf und flog aus dem Fenster hinaus zu den Wäldern. Alle beobachteten das mit Erstaunen, bis der Fächer nicht mehr zu sehen war.

»Was ist dein letzter Wunsch, liebe Súmac?» fragte der Kaiser.

»Ich möchte, daß meine Eltern einen großen Bauernhof bekommen und große Herden von Lamas, Vikunas und Alpacas, damit sie nicht länger arm sind.«

»So soll es geschehen«, sprach der Kaiser, »aber ich bin sicher, daß deine Eltern sich niemals für arm hielten, denn sie haben eine wunderbare Tochter.«

»Willst du nicht bei uns im Palast bleiben«, wagte sich der Prinz nun vor.

»Ja, bleibe doch bei uns!« verlangte nun auch sein Vater und seine Mutter. »Wir werden alles tun, um dich glücklich zu machen.«

»Ich danke euch«, sagte Súmac, »aber ich muß zurück zu meinen Eltern und zu meinen Brüdern. Ich vermisse sie, und ich weiß, daß sie mich vermissen. Sie haben nichts von mir gehört, seit ich zum Zaubersee aufgebrochen bin, denn ich bin direkt zu eurem Palast gekommen.«

Der Kaiser und sein Sohn versuchten nicht, Súmac länger aufzuhalten.

»Meine persönliche Wache wird dich nach Hause bringen«, sagte der Kaiser.

Und Súmac kehrte heim zu ihrer glücklichen Familie.

Die Meistermagd

Norwegen

Es war einmal ein König, der hatte viele Söhne. Wie viele es eigentlich waren, wußte er nicht zu sagen. Der jüngste von ihnen hatte keine Ruhe in sich und wollte in die Welt auf Abenteuer gehen.
»Also gut«, sprach endlich der Vater und gab ihm seinen Segen. »Du wirst uns immer willkommen sein, wenn du zurückkommen willst.«

Nachdem der junge Prinz nun einige Tage unterwegs gewesen war, kam er zu dem Haus eines Riesen und klopfte dort an die Tür. Der Riese freute sich sehr, als er ihn sah. Den Dienst eines jungen Mannes, der stark und willig sei, sagte er, könne er immer gut gebrauchen. So bekam der Prinz sein Essen und einen Raum über dem Stall.

Am nächsten Morgen machte sich der Riese in aller Frühe auf, seine Herde Ziegen auf die Weide zu führen. Bevor er ging, sagte er zu dem Prinzen: »Du hast in mir einen guten Herrn, wenn du tust, was ich dir sage. Heute ist deine Aufgabe, den Stall auszumisten, während ich fort bin. Du darfst aber in keines der Zimmer gehen, worin du noch nicht gewesen bist, oder es wird dich das Leben kosten.«

Kaum war der Riese mit seinen Ziegen fortgegangen, da war der Prinz schon neugierig, die verbotenen Zimmer zu sehen. In den beiden ersten Zimmern fand er riesige Töpfe mit verschiedenen seltsamen Dingen darin, aber in dem dritten Zimmer war eine wunderschöne junge Frau.

»Oh!« sagte sie erstaunt. »Was machst du denn hier?«

»Ich habe das Schloß meines Vaters verlassen, um auf Abenteuer zu gehen«, sagte der Prinz, »und der Riese war so freundlich, mich in seinen Dienst zu nehmen.«

»Das könnte dir noch leid tun«, erwiderte sie.

»Eine leichte Arbeit«, sagte der Prinz fröhlich. »Alles, was ich für heute zu tun habe, ist, den Stall auszumisten.«

»Ja, aber wie willst du das machen? Für jede Schaufel Mist, die du aus dem Stall herauswirfst, werden zehn neue hinzukommen. Ich will dir aber sagen, wie du es schaffst. Du mußt die Schaufel verkehrt herum nehmen und die Sache mit dem Stiel machen, dann fliegt der Mist von ganz allein hinaus.«

»Das hört sich leicht an«, sagte der Prinz. Und er machte es sich bequem und unterhielt sich den ganzen Tag lang mit Maja, das war der Name der Frau. Sie sprachen so über dies und das und wurden gute Freunde.

Am späten Nachmittag ging der Prinz in den Stall. Zuerst versuchte er es auf gewöhnliche Weise mit der Schaufel. Je mehr er aber schaufelte, um so schneller wuchs der Misthaufen. Da drehte er schnell die Schaufel um, so wie es ihm gesagt worden war, und der Mist flog aus der Tür. Im Nu war der Stall sauber.

Am Abend kam der Riese zurück. »Hast du den Stall ausgemistet?«

»Sehr wohl, Herr.«

Als der Riese den sauberen Stall sah, brummte er: »Du mußt mit der Meistermagd gesprochen haben.«

»Meistermagd? Was ist das?« fragte der Prinz und machte ein einfältiges Gesicht. »Ich habe es so getan, wie ich es von zu Hause her gewohnt bin.«

Als sich der Riese am nächsten Morgen mit seiner Herde auf den Weg machte, sagte er zum Prinzen, daß es diesmal seine Aufgabe sei, sein Pferd von der Koppel nach Hause zu bringen. Und er warnte ihn wieder davor, in irgendeinen Raum zu gehen, in dem er noch nicht gewesen war.

Sobald der Riese weg war, besuchte der Prinz wieder Maja, die Meistermagd.

»Heute habe ich eine leichte Arbeit«, erzählte er ihr. »Ich soll sein Pferd von der Koppel holen. Das werde ich schaffen, wie zügel- und zaumlos es auch sein mag.«

»Das ist nicht so leicht, wie du denkst«, warnte Maja ihn. »Feuer und Flammen kommen aus seinen Nüstern, sobald du dich ihm auch nur näherst. Ich habe mir aber einiges von den Zauberkünsten des Riesen abgeguckt, und ich kann dir sagen, wie du es machen mußt. Nimm die Stange, die hinter der Tür hängt, und wirf sie direkt in das Maul des Pferdes. Dann wird es zahm werden.«

Da setzte er sich wieder nieder, machte es sich bequem, um sich mit Maja zu unterhalten, und sie hatten noch einen recht vergnüglichen Tag. Maja erzählte ihm, daß sie geraubt worden sei und von dem Riesen als Gefangene gehalten werde. Sie wisse aber ihren Verstand zu gebrauchen und habe einiges von den Zaubereien des Riesen gelernt. Riesen, sagte sie, seien nämlich in Wirklichkeit gar nicht sehr klug.

»Ich bin es auch nicht«, sagte der Prinz traurig.

»Das macht nichts«, sagte Maja liebevoll. »Du hast ein warmes Herz und ein frohes Gemüt – das zählt. Du bist nie traurig«, seufzte sie. »Ich wollte, ich könnte ebenso fröhlich und leichten Sinnes sein!«

Es ist doch aber deine Klugheit und deine Weisheit, die mich vor der Rache des Riesen gerettet hat!«

Wie man sich leicht denken kann, waren Maja und der Prinz ineinander verliebt. Den Rest des Tages verbrachten sie damit, sich auszumalen, wie glücklich sie zusammen sein könnten, wenn sie nur dem Riesen entkämen. Der Tag ging so schnell vorüber, daß der Prinz das Pferd schon ganz vergessen hatte, bis ihn Maja daran erinnerte, daß der Abend nahe war.

Schnell ging er mit der Kandare zur Koppel. Und tatsächlich, das Pferd spie Flammen, sobald sich der Prinz ihm näherte. Da warf er das Stangengebiß in das aufgerissene Maul des Tieres, und das Pferd wurde zahm wie ein Lamm. Der Prinz ritt es nach Hause und wartete auf den Riesen.

Als der Riese sah, daß das Pferd ruhig im Stall stand, brüllte er: »Niemals hast du deine Aufgabe selbst gelöst! Du hast mit der Meistermagd geredet!«

»Ich doch nicht«, log der Prinz in aller Unschuld. »Aber gern möchte ich die Meistermagd, von der ihr redet, einmal sehen.«

Bevor der Riese am dritten Tag mit seiner Ziegenherde wegzog, sagte er: »Heute mußt du zum Teufel gehen und meine Feuersteuer eintreiben.«

Der Prinz pfiff fröhlich vor sich hin, als er zu Maja ging. Er vertraute darauf, daß sie schon wissen werde, wie mit dieser Sache umzugehen sei. »Du mußt mir noch einmal helfen«, sagte er. »Ich bin noch nie beim Teufel gewesen. Ich kenne den Weg nicht und weiß nicht, wieviel ich holen soll.«

»Hör genau zu, und ich werde es dir erklären«, sagte Maja. »Geh zu dem steilen Felsen am Hang, nimm die Keule, die dort liegt, und schlage dreimal gegen den Felsen. Herauskommen wird eine rotglühende Kreatur, der feurige Funken aus den Augen springen. Sage ihr deinen Auftrag, und wenn sie dich fragt, wieviel Gold, so sage auf jeden Fall: › Nur so viel, wie ich tragen kann. ‹ Wenn du das nicht sagst, wird dir der Teufel nichts geben.«

Der Prinz umarmte Maja und sagte: »Oh je! Ohne dich wäre ich schon längst nicht mehr am Leben! Aber laß uns jetzt über andere Dinge sprechen.« Und darauf unterhielt er Maja so lange mit leichten Reden, daß sie bald fröhlich zu lachen anfing und der Tag wieder schnell vorüberging. Schließlich warnte ihn Maja, daß es schon spät und an der Zeit sei, die Feuersteuer zu holen.

Der Prinz stieg den Hang zu dem steilen Felsen hoch, und alles geschah so, wie es Maja gesagt hatte. Die fürchterliche Kreatur grollte so sehr, daß der Prinz froh war, die richtige Antwort zu wissen. Da gab der Teufel ihm so viel Gold und Silber, wie er tragen konnte. Er brachte das zu dem Haus des Riesen und sang fröhlich, während er ging.

»Wo ist das Geld vom Teufel?« fragte der Riese, sobald er zurück war.

»Nun, dort auf der Fensterbank liegt es«, sagte der Prinz.

»Jetzt bin ich sicher, daß du mit der Meistermagd geredet hast«, brüllte der Riese. »Ich werde dir den Hals umdrehen!«

»Ach ja, die Meistermagd, natürlich«, erwiderte der Prinz spöttisch. »Ich wüßte doch gar zu gerne, wer das sein soll. Das soll wohl ein Scherz sein.«

»Das wirst du morgen sehen«, schnaubte der Riese.

Am nächsten Tag führte er den Prinzen in das Zimmer der Meistermagd und sagte zu ihr: »Zerhacke ihn und koche ihn mir zum Mittagessen in dem großen Topf!« Dann ging er in sein Schlafzimmer und legte sich wieder in sein Bett und schnarchte.

Alle alten Kleider, alte Schuhe und was Maja sonst an Abfall finden konnte, warf sie in den Topf und füllte ihn mit Wasser auf. »Lassen wir das den Riesen löffeln!« sagte sie. Dann nahm sie einen kleinen Sack mit Gold, einen Zauberstab, einen Klumpen Salz und eine Flasche Wasser. Vom Bord nahm sie noch einen goldenen Ball, einen goldenen Hahn und eine goldene Henne. Das alles schnürte sie in ein großes Kopftuch ein und machte sich mit dem Prinzen so schnell es ging davon.

Nach wenigen Stunden war der Riese hungrig erwacht und holte sein Mittagessen aus dem großen Topf. Sobald er daraus versucht hatte, spie er aus, und als er nichts als alte Lumpen und Unrat in dem Topf fand, wußte er, was geschehen war. Er stieß ein zorniges Gebrüll aus, das das Haus erschütterte, und eilte Maja und dem Prinzen mit Riesenschritten nach. Es dauerte nicht lange, da sah er sie schon in der Ferne.

Maja warf einen Klumpen Salz hinter sich, und es wuchs aus ihm sofort ein großer Berg. Das aber hielt den Riesen nicht lange auf. Er bohrte sich einen Tunnel direkt durch den Berg hindurch.

Da goß Maja das Wasser aus der Flasche. Aus dem Wasser wurde ein weites Meer, das den Riesen an der anderen Seite zurückhielt.

Jetzt fühlten sie sich so sicher, daß sie beschlossen, sofort zum Schloß des Prinzen zu gehen. Als sie aber näher kamen, wollte der Prinz nicht, daß sie wie Bettler und zu Fuß zu seinem Vater gingen. Es sei schicklicher, sagte er, daß Maja als seine Verlobte in einer Kutsche vorfahre. »Warte nur eine halbe Stunde hier, bis ich nach Hause gegangen und die Kutsche und die Pferde meines Vaters geholt habe. Dann werde ich dich anständig zum Schloß meines Vaters führen.«

Maja wollte nicht, daß weitere Prüfungen und Gefahren vor ihnen lagen, weil ihnen der Riese auf den Versen war. »Geh nicht ohne mich zum Schloß deines Vaters«, sagte sie. »Wenn du einmal dort bist, wirst du mich vergessen haben und alles, was zwischen uns geschehen ist.«

»Sei unbekümmert, Maja«, sagte der Prinz, »ich könnte dich niemals vergessen. Ich liebe dich viel zu sehr.«

Er war so entschlossen, sie ehrenvoll vor seinen Vater zu führen, daß sie schließlich zustimmte. »Aber«, warnte sie ihn, »du mußt direkt zu den Pferdeställen gehen und sofort hierher zurückkehren. Du darfst mit niemandem reden. Und vor allem darfst du nichts essen. Wenn du es dennoch tust, werden wir viel Kummer und Leid ertragen müssen.«

Der Prinz versprach ihr alles.

Als er aber zum Schloß seines Vaters kam, wurde dort gerade ein großes Fest gefeiert, denn sein ältester Bruder heiratete. Es waren viele Menschen dort und alle waren guter Stimmung. Zu niemandem sprach der Prinz, und er kostete auch nicht von dem Essen. Er ging direkt in die Ställe und zäumte die Pferde.

Plötzlich stand neben ihm ein Mädchen, das zu den Hochzeitsgästen zu gehören schien.

»Du bist sicher hungrig und durstig von deiner Reise«, sagte das Mädchen lächelnd. »Wenn du schon gar nichts essen willst, so nimm doch wenigstens einen Bissen von diesem Apfel.«

Hungrig und durstig – und auch verzaubert – wie er war, nahm er einen Bissen von dem saftigen Apfel. Und schon hatte er Maja vergessen. »Ich muß verrückt sein«, sagte er. »Warum nur schirre ich die Pferde an die Kutsche?« Und er brachte sie in den Stall zurück, um mit dem Mädchen auf das Fest zu gehen.

Die Hochzeitsfeierlichkeiten dauerten wochenlang, so wie es damals Sitte war. Und als die Feiern zu Ende gingen, da war der Prinz leicht überredet, die Verlobung mit dem Mädchen auszurufen.

Währenddessen hatte Maja auf seine Rückkehr gewartet. Als er nicht kam, wußte sie, daß er verzaubert war und sie vergessen hatte. Aber nach all den Gefahren, durch die sie ihm geholfen hatte, wollte sie ihn jetzt nicht aufgeben.

Sie ging, bis sie zu einer verlassenen und verfallenen Hütte kam. Hier wollte sie bleiben. Sie erinnerte sich, daß sie ja den Zauberstab des Riesen besaß, und verwandelte die Hütte in ein schönes Landhäuschen mit einem Kräutergarten vorn und einem Gemüsegarten hinten und einem Hof mit großen Hühnern. Schnell wurde sie überall in der Gegend bekannt durch ihre Kräfte und ihr Wissen.

Nun kam der Tag der Hochzeit des Prinzen mit dem Mädchen. Als aber die zukünftige Braut in die Kutsche stieg, brach diese auseinander. Der Bolzen für die Riemen war gebrochen. Als er repariert war, brach die Kutsche erneut. Das Rad fiel ab; als es wieder angebracht worden war, brach es noch einmal ab. Was immer auch getan wurde, die Kutsche konnte nicht in Bewegung gebracht werden. Drinnen saß die Braut und raste vor Wut.

Auf dem Schloß wurde der König ungeduldig. Die Gäste, die auf die Ankunft der Braut warteten, lachten zunächst, dann aber wurden sie nachdenklich. »Die Kutsche ist verzaubert«, murmelten sie.

Der Kammerherr, der für den Hochzeitszug verantwortlich war, wurde immer verzweifelter. Seine Frau, die das Getuschel der Leute gehört hatte, sagte zu ihm: »Jemand hat die Kutsche verzaubert. Wenn dir nicht sofort etwas einfällt, wird es keine Hochzeit geben. Ich habe von einer jungen Frau am Waldrand gehört, die viele Zaubersprüche kennt. Schicke nach ihr, vielleicht kann sie helfen.«

Sofort wurde ein Bote ausgesandt, und so kam es, daß Maja auf das Schloß gebracht wurde. Sie hatte den goldenen Ball, den goldenen Hahn und die goldene Henne dabei. Zuerst verlangte sie den Prinzen zu sehen, der verheiratet werden sollte. Der Wunsch wurde ihr erfüllt.

Maja legte die Geschenke vor ihn. Das goldene Huhn pickte den goldenen Ball zu dem goldenen Hahn hinüber, und der goldene Hahn gab ihn wieder an das goldene Huhn zurück. So rollte der Ball zwischen ihnen hin und her.

Der Prinz war fasziniert. »Sieh nur, wie sie den Ball miteinander teilen, einer mit dem anderen!«

»Ja«, erwiderte Maja. »Gerade so, wie wir die Gefahr miteinander teilten, als wir dem Riesen entkamen.«

Er sah sie überrascht an, denn er erkannte sie nicht. Dann nahm er den goldenen Ball auf. Sofort war der Zauber des Riesen gebrochen. Der Prinz erinnerte sich, und sie umarmten sich glücklich.

Da erzählte der Prinz seinem Vater von seinen Abenteuern, von seiner Verlobung mit Maja und davon, wie sie ihn vor dem Riesen gerettet hatte. Er sagte, daß er sie sehr liebe und keine andere heiraten wolle als sie, wenn sie ihn noch haben wolle.

Maja sagte Ja. Sie war sich sicher, daß ihre Klugheit und sein fröhliches Wesen ihnen ein glückliches Leben geben würden. Und was jenes Mädchen betraf, das in der zerbrochenen Kutsche wartete – es war ganz schnell verschwunden und ward in dem Land nie mehr gesehen.

Der Kobold von Hedley

England

Es war einmal eine alte Frau, die verdiente sich ihren Lebensunterhalt bei den Bauersfrauen des Dorfes, in dem sie lebte. Sie verrichtete die niedersten Arbeiten, und obwohl sie nur ihr Mittagessen bekam und einen Bissen Käse und ein Stück Brot für den Abend nach Hause brachte, war sie immer so freundlich, als hätte sie sonst keinen Wunsch auf der Welt. Jeden Morgen stand sie in aller Frühe auf, sammelte Äste und Tannenzapfen, die sie neben ihren Herd legte. Wenn sie am Abend in ihre Hütte zurückkam, machte sie damit ein kleines Feuer, um sich zu wärmen.

Ihre Hütte war klein und ärmlich. Sie stand allein am äußeren Rand des Dorfes. Die Frau aber behauptete, daß sie ganz damit einverstanden sei, so einsam zu wohnen, und daß es ihr nichts ausmache, einen langen Heimweg zu haben.

Trotzdem aber schickten die Bauersfrauen von Hedley die Alte noch vor Sonnenuntergang nach Haus, damit sie sicher zurück gelangte. Nach Einbruch der Dunkelheit nämlich ging in Hedley ein Kobold umher und erschreckte die Menschen. Was für ein Kobold das war, darüber konnten sich die Dörfler nicht einig werden, sie wußten aber, daß er zuweilen in furchterregender Gestalt auftrat und die Leute um ihren Verstand zu bringen wußte. Er konnte sie nach Hause jagen, johlend, brüllend, mit rauhem Gelächter. Zu anderen Zeiten foppte er sie, indem er ihnen alles mißlingen ließ und ihnen jeden nur erdenklichen Streich spielte.

Eines Sommerabends, als es schon dunkel wurde und die alte Frau sich auf ihrem Heimweg eilte, fand sie einen großen, schwarzen Topf, der am Wegesrand lag.

»Was haben wir denn da!?« sagte sie und hielt an, um ihn zu betrachten,« das wäre genau das richtige für mich, wenn ich nur auch etwas hineinzutun hätte. Wer kann das hier liegengelassen haben?« Sie sah sich um und konnte niemanden entdecken, dem der Topf gehören mochte, weder auf den Feldern noch auf der Straße.

»Vielleicht hat er ein Loch«, sagte sie. »Ja, darum wird man ihn liegengelassen haben. Aber um etwas hineinzutun, wird er noch gut sein. Ich glaube, ich werde ihn einfach mit nach Hause nehmen.« Und sie krümmte ihren steifen Rücken und hob den Deckel, um hineinzusehen.

»Gott sei mir gnädig«, rief sie und sprang zurück, »der Topf ist ja bis zum Rand mit Goldstücken gefüllt!«

Eine Zeitlang konnte sie nichts anderes tun, als um ihren Schatz herumzugehen, das Gold zu bestaunen und sich über ihr Glück zu wundern. Sie sagte zu sich selbst: »Wie reich ich bin!« Und sie begann darüber nachzudenken, wie sie den Topf am besten nach Hause schaffen könnte. Es fiel ihr nichts anderes ein, als ihn am Ende ihres Schals festzubinden und ihn auf der Straße hinter sich herzuziehen.

»Ich werde die Nacht darüber nachdenken müssen, was ich damit anfangen soll«, sagte sie zu sich selbst. »Ich könnte ein großes Haus kaufen und noch viel mehr und leben wie eine Königin. Ich könnte den Topf aber auch in einem Loch im Garten vergraben. Oder ich könnte etwas von dem Gold an dem Kamin neben dem Teetopf als Dekoration anbringen.

Ach, wie wunderbar, ich kenne mich selbst kaum mehr wieder!«

Mit der Zeit wurde sie ziemlich müde von dem Gewicht, das sie hinter sich herzog. Sie hielt an, um für einige Minuten auszuruhen, und wandte sich um, um zu sehen, ob der Schatz auch noch da war.

Aber wie sie so guckte, da war es überhaupt kein Topf mehr, sondern ein großer Klumpen blinkenden Silbers.

Sie starrte auf ihren Schatz, rieb sich die Augen, aber es war und blieb ein Silberklumpen, was da vor ihr im Staub lag.

»Ich hätte geschworen, daß es ein Topf voll Gold war«, sagte sie schließlich, »aber ich muß feststellen, daß ich geträumt habe. Je nun, der Wechsel ist nur zu meinem Besten. Das Silber wird mir viel weniger Sorgen bereiten, denn es wird nicht so leicht gestohlen. Goldstücke bringen Kummer, man muß sich darum kümmern, daß sie auch gut aufgehoben sind. Ich bin froh, daß ich sie los bin. Ich bin so reich wie es nur geht!«

Sie setzte ihren Heimweg fort und überlegte, was für großartige Dinge sie mit dem Silber anfangen könnte. Es dauerte jedoch nicht lange, da wurde sie wieder müde und hielt an, um auszuruhen.

Als sie sich umdrehte, um nach ihrem Schatz zu sehen, rief sie voll Erstaunen aus: »Du meine Güte! Jetzt ist es ein Klumpen Eisen! Das beste, was ich finden konnte! Ich kann es leicht verkaufen und bekomme eine Menge Pennies dafür. Es ist handlicher als ein Topf voll Gold oder ein Klumpen Silber. Es raubt mir in der Nacht nicht den Schlaf, weil ich Angst haben muß, daß es gestohlen wird. Es ist immer von Vorteil, einen Klumpen Eisen im Haus zu haben; man kann nie wissen, wofür es noch gut sein wird.«

Und so ging sie weiter und freute sich über ihr Glück, bis sie wieder über die Schultern blickte, nur um sicher zu gehen, daß das Eisen noch da war.

»He, was ist das?« rief sie. »Das Eisen hat sich in einen großen Stein verwandelt! Genau, was ich brauchen kann — einen Stein, der mir die Tür offen hält. Ei, das ist ein guter Tausch! Es ist wunderbar, Glück zu haben.«

Und eilig trippelte sie den Berg hinunter, um zu sehen, wie sich der Stein in der Ecke bei der Tür machen würde.

Sie drehte sich um, um den Schal von ihrem Stein loszubinden. Der schien ganz ruhig zu liegen. Sie konnte ihn ganz deutlich sehen, als sie ihren steifen Rücken beugte, um den Schal an einem Ende loszubinden. Urplötzlich aber machte der Stein einen Sprung, und es war ein Aufschrei zu hören, und augenblicklich wuchs etwas, größer als ein Pferd. Vier schlacksige Beine schlug es herunter, schüttelte zwei lange, haarige Ohren und einen Schwanz heraus. Dann traten seine Füße in die Luft, und es lachte rauh.

Die alte Frau starrte das Etwas an, das Luftsprünge machte, schrille Töne von sich gab und mit den roten, leuchtenden Augen rollte.

Schließlich sagte sie: »Ich bin glücklich dran! Es scheint als sei ich die einzige, die den Kobold von Hedley zu sehen bekommt.«

Der Hedley-Kobold hielt in seinem Brüllen ein und starrte sie an: »Du fürchtest dich nicht?«

»Ich doch nicht!« lachte sie. »So ein seltener Anblick wie du bist!«

»Die meisten Leute verfluchen mich«, sagte er, »ja, und sie rennen schreiend davon!«

»Es ist doch nichts Schlimmes passiert«, antwortete sie vergnügt. »Ich habe immer noch mein bißchen Käse und mein Brot für das Abendessen.«

Sie nahm ihren Schal an sich und öffnete das kleine Tor zu ihrer Hütte. Als sie sich aber umsah, stand da anstatt des großen, schlacksigen Pferdes ein kleiner Mann, der eine spitze Mütze trug und mit den Füßen auf dem Weg schlurfte. Er war so braun wie ein Boskopapfel und hatte einen dünnen, weißen Bart.

»Nun denn«, sagte die Frau freundlich, »ich habe zwar nicht viel, aber zu einem Bissen Abendbrot seid ihr herzlich eingeladen.«

»Mach dir nichts draus, wenn ich es annehme«, sagte der Kobold.

So setzte er sich mit der alten Frau an den Abendbrottisch, und es wurde der kleine Käsebissen ein großes Stück Käse, und plötzlich erschienen auf dem Tisch auch ein paar frisch gekochte braune Eier und einige Pfannkuchen zu ihrem Tee.

Sie machten sich ein fröhliches Mahl daraus. Als sie fertig waren, setzten sie sich ans Feuer, und der Kobold von Hedley erzählte der alten Frau lustige Geschichten von seinen Streichen. Sie lachte, daß ihr die Tränen die Backen herunterkullerten, und erklärte, daß noch nie in ihrem Leben ein Abend so kurzweilig gewesen sei.

Immer öfter kam der kleine braune Mann nun zum Abendessen und auch zu einem Abendschwatz in die Hütte. Ihren Holzhaufen fand die alte Frau immer hoch aufgetürmt, und auf ihrem Küchenbord stapelte sich das Essen. Wohlweislich sagte sie zu niemandem auch nur ein Wort davon.

Die Bewohner von Hedley aber sprachen weiterhin mit ängstlich eingezogenem Kopf von ihrem Kobold und verfluchten ihn für all ihr Ungeschick. Die alte Frau kicherte nur und sagte: »So schlecht ist er nicht — es kann schon passieren, daß er mit seinen Fersen ein bißchen tritt, ja, das kommt wohl vor!«

Kapti und Imani

Pandschab

Es war einmal ein König, der hatte zwei Töchter, und ihre Namen waren Kapti und Imani. Er liebte sie sehr und verbrachte viele Stunden damit, sich mit ihnen zu unterhalten. Eines Tages fragte er Kapti, die ältere: »Bist du damit zufrieden, daß du dein Leben und dein Glück in meinen Händen läßt?«

»Wahrlich, ja«, antwortete die Prinzessin überrascht. »In wessen Händen sollte ich es sonst legen, wenn nicht in Eure?«

Als er aber seiner Tochter Imani die gleiche Frage stellte, antwortete diese: »Nein, keineswegs! Wenn ich die Möglichkeit dazu hätte, würde ich mein Glück selbst versuchen.«

Diese Antwort machte den König sehr unzufrieden, und er sagte: »Du bist zu jung, um die Bedeutung deiner Worte zu erkennen. Aber, meine Tochter, es sei, wie du es wünschst.«

Dann schickte er nach einem alten, lahmen Fakir, der in einer verfallenen Hütte am Stadtrand lebte. Als dieser sich vorgestellt hatte, sagte der König zu ihm: »Zweifellos wirst du, da du sehr alt und fast verkrüppelt bist, froh sein, eine junge Person bei dir zu haben, die dir dient; deshalb gebe ich dir meine Tochter. Sie will sich ihren Lebensunterhalt selbst verdienen, und das kann sie mit dir gemeinsam versuchen.«

Der alte Fakir schwieg, er war zu erstaunt und zu bekümmert, um irgend etwas zu sagen. Die junge Prinzessin aber ging lächelnd mit ihm.

Geraden Wegs erreichten sie die Hütte, und der alte Mann begann darüber nachzudenken, wie er der Prinzessin auch nur etwas Bequemlichkeit verschaffen könnte. Wie er es auch bedachte, er war nur ein Bettler, und sein Haus war leer bis auf eine Bettstelle, zwei alte Kochtöpfe und einen irdenen Krug für Wasser.

Die Prinzessin jedoch fragte nur: »Hast du irgend etwas Geld?«

»Ich habe irgendwo einen Pfennig«, antwortete der Fakir.

»Sehr gut«, antwortete die Prinzessin. »Gib mir den Pfennig und gehe, mir ein Spinnrad und einen Webstuhl zu borgen.«

Nach langem Suchen fand der Fakir den Pfennig. Dann ging er, das Spinnrad und den Webstuhl zu holen, und die Prinzessin ging einkaufen. Zuerst kaufte sie für einen Viertelpfennig Öl, dann kaufte sie für einen Dreiviertelpfennig Flachs. Als sie vom Einkaufen zurückkam, setzte sie den alten Mann auf die Bettstelle und rieb ihm das verkrüppelte Bein gut eine Stunde lang mit dem Öl ein.

Danach setzte sie sich an das Spinnrad. Sie spann und spann die ganze Nacht hindurch, während der alte Mann schlief. Am anderen Morgen hatte sie das feinste Garn gesponnen, das man sich nur vorstellen kann. Dann ging sie zum Webstuhl und webte. Sie webte und webte bis in den Abend, und schließlich hatte sie ein wunderschönes, silbernes Tuch gewebt.

»Gehe auf den Marktplatz«, sagte sie zu dem Fakir, »und verkaufe das Tuch, während ich ausruhe.«

»Und was soll ich dafür verlangen?« fragte der alte Mann.

»Zwei Goldstücke«, antwortete die Prinzessin.

So humpelte nun der Fakir weg und stellte sich auf den Marktplatz, um das Tuch zu verkaufen. Bald schon fuhr die ältere Prinzessin vorbei. Als sie den Stoff sah, hielt sie an und fragte nach seinem Preis, denn es war schöner, als sie und ihre Weberinnen es je hätten weben können.

»Zwei Goldstücke«, sagte der Fakir, und die Prinzessin zahlte sie ihm gerne. Danach humpelte der alte Mann mit dem Geld nach Hause.

Tag für Tag ging es nun so. Imani verbrauchte immer einen Pfennig für Öl und Flachs. Sie pflegte stets das lahme Bein des alten Mannes, spann und webte die schönsten Stoffe und verkaufte sie zu hohen Preisen. Nach und nach wurde die Stadt wegen ihrer schönen gewebten Stoffe berühmt. Das lahme Bein des alten Fakirs wurde gerader und kräftiger, und das Loch im Boden der Hütte, in dem sie ihr Geld aufbewahrten, wurde immer voller von den Goldstücken, die sie verdient hatten.

Eines Tages sagte die Prinzessin: »Ich glaube, wir haben jetzt wirklich genug, um etwas bequemer zu leben.« Sie sandte nach Maurern aus, und die bauten ihr und dem alten Fakir ein wunderschönes Haus. In der ganzen Stadt war keines feiner, ausgenommen der Palast des Königs. Diese Neuigkeit erreichte bald die Ohren des Königs, und als er nachfragte, wer es gebaut habe, da sagte man ihm, daß es seiner Tochter gehöre.

»Gut«, rief der König«, »sie hat gesagt, daß sie ihr eigenes Glück machen wolle, und wie es scheint, hat sie es gemacht!« Einige Zeit später führten wichtige Angelegenheiten den König in ein anderes Land. Vor seiner Abreise fragte er seine ältere Tochter Kapti, was er ihr als Geschenk von der Reise mitbringen solle.

»Eine Halskette aus Rubinen«, antwortete sie. Und der König dachte, daß er gern auch Imani nach ihrem Wunsch gefragt hätte. Deshalb schickte er einen Boten zu ihr, der herausfinden sollte, was für ein Geschenk sich Imani wünschte. Durch Zufall kam der Mann gerade in dem Augenblick, als sie damit beschäftigt war, einen Knäuel in ihrem Webstuhl zu entwirren. Er verbeugte sich tief vor ihr und sagte: »Der König schickt mich, damit ich dich frage, was du dir von ihm als Geschenk aus dem Lande Dâr wünschst.«

Imani aber, die damit beschäftigt war, den Knäuel zu entwirren, ohne den Faden zu brechen, antwortete nur: »Geduld«. Sie meinte, daß der Bote warten solle, bis sie antworten könne. Der Bote aber ging mit dieser Antwort weg und sagte dem König, das einzige, was sich die Prinzessin wünsche, sei Geduld.

»Oh!« sagte der König. »Ich weiß nicht, ob das etwas ist, was es in Dâr zu kaufen gibt. Ich selbst habe sie nie gehabt, wenn sie aber gefunden wird, dann will ich sie ihr kaufen.«

Am nächsten Tag reiste der König ab. Als er seine Angelegenheiten zu seiner Zufriedenheit erledigt hatte, kaufte er Kapti eine schöne Rubinenhalskette.

Dann sagte er zu einem Diener: »Die Prinzessin Imani möchte etwas Geduld haben. Ich wußte nicht, daß es so etwas gibt, du mußt aber auf den Markt gehen und fragen, und wenn es irgend eine zu kaufen gibt, dann kaufe sie und bringe sie zu mir.«

Der Diener verbeugte sich und verließ den König. Er ging einige Male über den Markt und rief: »Wer hat Geduld zu verkaufen? Wer hat Geduld zu verkaufen?« Einige Leute machten sich über ihn lustig, andere, die keine Geduld hatten, sagten, er solle sich wegscheren, wieder andere meinten: »Der Kerl ist verrückt! Als ob man Geduld kaufen oder verkaufen könne!«

Schließlich kam es dem König von Dâr zu Ohren, daß da ein Verrückter auf dem Markt Geduld kaufen wolle. Der König lachte und sagte: »Ich habe Lust, den Burschen zu sehen. Bringt ihn her!«

Und sofort liefen seine Diener, den Mann zu suchen. Sie brachten ihn vor den König, und der fragte ihn: »Was ist dein Wunsch?«

Und der Mann antwortete: »Herr, man hat mir befohlen, nach Geduld zu fragen.«

»Oh«, sagte der König, »du mußt aber einen seltsamen Herrn haben! Was will er denn damit machen?«

»Mein Herr sucht sie als Geschenk für seine Tochter Imani«, antwortete der Diener.

»Gut«, sagte der König. »Ich kenne eine Geduld, die die junge Dame haben könnte, wenn es ihr am Herzen liegt. Aber gekauft werden kann sie nicht.«

Nun war der Name des Königs Sabr Khan, und Sabr bedeutet Geduld. Der Kundschafter wußte das aber nicht, oder er dachte, der König mache einen Scherz. Wie auch immer, er erklärte, daß die Prinzessin nicht nur sehr schön und jung sei, sondern auch die klügste, die fleißigste und auch die freundlichste aller Prinzessinnen.

Und er wäre noch fortgefahren, die Prinzessin zu preisen, hätte der König nicht lachend die Hände erhoben und seiner Rede Einhalt geboten. »Schön, schön, warte eine Minute, und ich werde sehen, was sich machen läßt.«

Damit stand er auf und ging in seine Gemächer, von wo er ein kleines Kästchen holte. In dieses Kästchen legte er einen Fächer und verschloß es sorgfältig. Er brachte es dem Kundschafter und sagte: »Hier ist ein Kästchen. Es hat weder ein Schloß noch einen Schlüssel, dennoch wird es sich allein durch Berührung der Person öffnen, die seinen Inhalt braucht — und wer immer es öffnet, wird Geduld erhalten; ich kann aber nicht sagen, ob es auch die gewünschte Geduld ist.«

Der Diener verbeugte sich tief und nahm das Kästchen. Als er aber nach dem Preis fragte, sagte der König, daß er nichts dafür wolle. Da ging er weg, gab seinem Herrn das Kästchen und berichtete ihm, was ihm widerfahren war.

Sobald der König in sein Land zurückgekommen war, erhielten Kapti und Imani die Geschenke, die er für sie mitgebracht hatte. Imani war sehr überrascht, als ihr der Kunschafter das Kästchen übergab.

»Was ist das?« fragte sie. »Ich habe niemals um irgend etwas gebeten! Ich hatte keine Zeit, und der Bote lief weg, bevor ich meinen Knäuel entwirrt hatte.«

Der Diener jedoch blieb dabei, daß das Kästchen für sie bestimmt wäre. Da betrachtete sie es mit Neugierde und übergab es schließlich dem alten Fakir. Der versuchte es zu öffnen, aber vergeblich — der Deckel schloß so dicht, daß er unbeweglich schien, obwohl weder ein Schloß noch ein Riegel oder eine Feder oder sonst irgend etwas da war und nichts erkennen ließ, wie das Kästchen verschlossen war. Er gab es der Prinzessin zurück, und die hatte es kaum berührt, da öffnete es sich schon wie von selbst. Ein wunderschöner Fächer lag darin. Imani nahm ihn heraus und begann, sich Luft zuzufächeln.

Sie hatte gerade dreimal gefächelt, da erschien auch schon vor ihr der König Sabr Khan von Dâr. Die Prinzessin schnappte nach Luft, rieb sich die Augen, und der alte Fakir saß starr und konnte vor Erstaunen nicht sprechen.

Schließlich brachte er heraus: »Wer mögt ihr sein, schöner Herr, so ihr erlaubt?«

»Mein Name«, sagte der König, »ist Sabr Khan von Dâr. Diese Dame«, und er verbeugte sich vor der Prinzessin, »hat mich herbeigerufen, und nun bin ich hier!«

»Ich?« stammelte die Prinzessin. »Ich habe dich herbeigerufen? Ich habe dich weder je gesehen, noch habe ich jemals von dir gehört — wie soll das zugegangen sein?«

Darauf erzählte der König, wie er dem Mann, der in seiner Stadt hatte Geduld kaufen wollen, den Fächer in dem Kästchen gegeben hatte.

»Beide sind verzaubert«, fügte er hinzu. Wenn irgendjemand den Fächer benutzt, so bin ich in drei Schlägen bei ihm. Wenn du ihn zusammenfaltest und dreimal damit leicht auf den Tisch klopfst, bin ich wieder zu Hause. Das Kästchen öffnet sich nicht jedem. Weil aber diese schöne Dame hier nach Geduld verlangt hat und dies mein Name ist, bin ich hier und zu ihren Diensten.«

Da war die Prinzessin froh und fürchtete nur, sie könne versehentlich den Fächer zusammenfalten und mit einem leichten dreimaligen Klopfen den Tisch berühren und so den König nach Hause schicken. Der Fakir aber war es zufrieden, einen Gast zu haben, und so verbrachten sie einen vergnüglichen Abend miteinander, bevor Sabr Khan sich verabschiedete.

Danach wurde er oft herbeigerufen, und da sie beide, der Fakir und er, sehr gerne Schach spielten und auch gute Spieler waren, pflegten sie die halbe Nacht zusammenzusitzen und zu spielen. Schließlich wurde ein Zimmer im Haus das Königszimmer genannt, und wann immer Sabr Khan bis spät blieb, schlief er dort und begab sich erst am nächsten Morgen zurück nach Dâr.

Nach und nach kam es der Prinzessin Kapti zu Ohren, daß ein reicher und schöner junger Mann das Haus ihrer Schwester besuchte, und sie wurde eifersüchtig. Eines Tages machte sie sich auf den Weg, Imani zu besuchen. Sie gab sich liebenswürdig und sehr interessiert an dem Haus und daran, wie Imani und der alte Mann lebten, und auch an dem geheimnisvollen, königlichen Besucher. Als die Schwestern von Zimmer zu Zimmer gingen, wurde Kapti auch das Gemach des Königs gezeigt. Sie schlüpfte heimlich in das Zimmer und streute schnell fein gemahlenes und vergiftetes Glas, das sie in ihren Kleidern versteckt trug, unter die bunte, gewebte Decke des Bettes. Kurz darauf verabschiedete sie sich von ihrer Schwester, erklärte noch, wie leid es ihr täte, nicht eher einmal zu Besuch gekommen zu sein und daß sich dies ändern werde.

An eben diesem Abend kam Sabr Khan und spielte mit dem alten Fakir wie gewöhnlich bis tief in die Nacht hinein Schach. Es war schon sehr spät, als er ihm und der Prinzessin eine gute Nacht wünschte, und sobald er sich niedergelegt hatte, drangen tausend winzige, vergiftete Glassplitter durch sein Gewand in seine Haut ein. Er spürte den Schmerz und wälzte sich auf die eine Seite und dann auf die andere Seite, bis es ihn rundum und überall schmerzte und er das Gefühl hatte, er brenne von Kopf bis Fuß. Er sagte aber kein einziges Wort, er saß nur die ganze Nacht schmerzgebeugt und lauschte dem noch schlimmeren Schmerz seiner Seele — er war vergiftet worden, und das in Imanis eigenem Haus.

Am Morgen war er einer Ohnmacht nahe, doch er sagte immer noch nichts und ließ sich von der Kraft des Fächers nach Hause bringen. Alle Ärzte und Mediziner des Reiches von Dâr versuchten, ihm zu helfen, aber niemand konnte herausfinden, was das für eine Krankheit war. Und so lag der König Woche und Woche auf dem Krankenlager, er versuchte jedes Heilmittel, das ihm nur irgend jemand verschrieb, er verlebte schlaflose Nächte und Tage der Pein, des Fiebers und des Elends, bis er am Rand des Todes war.

Inzwischen waren die Prinzessin Imani und der Fakir sehr bekümmert, denn so oft sie auch mit dem Zauberfächer winkten, Sabr Khan erschien nicht mehr. Sie fürchteten, daß er ihrer müde geworden oder daß ihm irgendein Unheil geschehen war. Schließlich war die Prinzessin in solch elendem Zustand und unruhig von Zweifeln und Ungewißheit, daß sie sich entschloß, selbst in das Königreich von Dâr zu gehen und herauszufinden, was mit Sabr Khan geschehen war. Sie verkleidete sich als junger Fakir, machte sich allein und zu Fuß auf den Weg, so wie es sich für einen Fakir ziemte.

Eines Abends befand sie sich in einem Wald und richtete sich unter einem großen Baum ihr Nachtlager. Sie konnte aber nicht schlafen, weil sie immerfort an Sabr Khan dachte und rätselte, was ihm wohl geschehen sein mochte. Da hörte sie zwei große Affen in dem Baum oben miteinander sprechen.

»Guten Abend, Bruder«, sagte der eine, »woher kommst du und was gibt es Neues?«

»Ich komme von Dâr«, sagte der andere, »und die Neuigkeit ist, daß der König stirbt.«

»Ach«, sagte der erste, »das tut mir aber leid, denn er jagte den Leoparden meisterhaft, diese Kreatur, der man nicht erlauben sollte zu leben. Was ist mit ihm?«

»Das weiß kein Mensch«, antwortete der zweite Affe, »aber die Vögel, die alles sehen und alle Botschaften weitertragen, sagen, daß er durch das vergiftete Glas stirbt, das Kapti, die Tochter des Königs, in sein Bett gestreut hat.«

»Oh«, sagte der erste Affe, »das ist eine traurige Nachricht. Wenn sie nur wüßten, daß die Beeren von eben diesem Baum, auf dem wir sitzen, in heißem Wasser gebrüht, eine solche Krankheit in drei Tagen heilen.«

»Sicher!« sagte der andere. »Es ist ein Jammer, daß wir niemandem von einer solch einfachen Medizin erzählen können, um das Leben dieses Mannes zu retten. Aber die Leute sind dumm; da schließen sich sich in ihren stickigen Häusern in ihren stickigen Städten ein, anstatt daß sie in den schönen, luftigen Bäumen leben. So bringen sie sich um das Wissen der einfachsten Dinge.«

Als nun Imani gehört hatte, daß Sabr Khan im Sterben lag, weinte sie still vor sich hin. Während sie aber weiter zuhörte, trocknete sie ihre Tränen und setzte sich auf. Sobald das Tageslicht über dem Wald anbrach, sammelte sie so viele Beeren von dem Baum, wie sie in ihren Kleidern tragen konnte. Dann ging sie so schnell sie konnte und erreichte die Stadt Dâr in zwei Tagen. Sofort eilte sie auf den Markt und rief: »Medizin zu verkaufen! Wer ist krank und braucht Medizin?«

»Ach«, antworteten die Menschen von Dâr, »wo so viele Graubärte versagt haben, wie soll da ein junger Mann wie dieser von irgendeinem Nutzen sein?«

»Still«, sagte einer, »er mag es versuchen.« Und er ging hin und sprach zu Imani. Zusammen gingen sie zu dem Palast und verkündeten, daß ein junger Arzt gekommen sei, um den König zu heilen.

Nach einigem Zögern wurde Imani erlaubt, das Krankenzimmer zu betreten. Sie war so gut verkleidet, daß der König sie nicht erkennen konnte, und er war von der Krankheit schon so zerstört, daß auch sie ihn kaum erkannte. Sie bat sofort um ein Zimmer für sich allein und um einen Topf zum Wasserkochen.

Sobald das Wasser erhitzt war, ließ sie einige Beeren darin kochen und übergab die Tinktur den Dienern des Königs, die seinen Körper damit waschen sollten. Schon nach der ersten Waschung konnte der König die ganze Nacht ruhig schlafen. Am zweiten Tag gab Imani ihnen wieder von dem Beerensud, und wenig später erklärte der König, daß er hungrig sei, und er verlangte zu essen. Am dritten Tag wurde er schon ganz gesund und war nur noch ein wenig geschwächt von der langen Krankheit. Am vierten Tag stand er auf und setzte sich auf seinen Thron und befahl seinen Kundschaftern, den Mediziner zu holen, der ihn geheilt hatte.

Als Imani erschien, wunderte sich jeder, daß ein so junger Mann ein so kluger Arzt war, und der König wollte ihm seine Dankbarkeit in Geld und kostbaren Geschenken erweisen. Zunächst mochte Imani überhaupt nichts annehmen. Schließlich sagte sie, wenn sie denn belohnt werden müsse, so bäte sie um den Siegelring des Königs und um sein Taschentuch. Und da sie sonst nichts wünschte, gab ihr der König den Siegelring und das Taschentuch, und sie nahm Abschied von ihm. Imani ging zurück in ihr Land.

Nach ihrer Rückkehr und nachdem sie dem Fakir von all ihren Erlebnissen berichtet hatte, nahm sie den Zauberfächer und fächelte sich Luft zu. Wie in früheren Tagen stand sofort Sabr Khan vor ihnen. Er erzählte ihnen von seiner Krankheit und wie er geheilt worden war. Als er geendet hatte, stand die Prinzessin auf, öffnete ein kleines Schränkchen, brachte einen Ring und ein Taschentuch und sagte lachend: »Sind dies die Geschenke, die du dem jungen Arzt gegeben hast?«

Da erkannte sie der König wieder und begriff, was geschehen war. Er sprang auf, steckte den Zauberfächer in die Tasche und erklärte, daß niemand mehr ihn in sein Land schicken werde, es sei denn, Imani ginge mit ihm und werde seine Frau. Und so geschah es. Der alte Fakir und Imani gingen in die Stadt Dâr, wo Imani mit dem König verheiratet wurde und wo sie glücklich weiterlebten.

Anatol Feid

Keine Angst, Maria

Ein Roman für Kinder aus Lateinamerika
EP 163
Für Menschen ab 9 Jahren

Anatol Feid erzählt die Geschichte einer außergewöhnlichen Widerstandsaktion gegen das chilenische Militärregime, bei der die 10jährige Maria und ihre Freunde aus den Armenvierteln der Hauptstadt Santiago eine wichtige Rolle spielen.
Als Maria eines Tages aus der Stadt nach Hause kommt, ist etwas Schreckliches geschehen: Ihr Bruder Juan ist von Soldaten erschossen worden. Maria ist verzweifelt, daß ihre Eltern und die anderen Erwachsenen nicht gegen diese Tat protestieren wollen. Die Regierung hat ihnen Kleidung, Schuhe und Geld versprochen, wenn sie erklären, daß die Soldaten richtig gehandelt haben. Maria und ihre Freunde wissen nicht, wie sie die Erwachsenen umstimmen sollen, doch da hat Maria eine Idee …
„KEINE ANGST, MARIA" wurde ausgezeichnet mit dem Gustav-Heinemann-Friedenspreis für Kinder- und Jugendbücher 1986.